ARMÉE D'HAÏTI APRÈS MAGLOIRE ET HITLÉRISME DUVALIÉRIEN

GRAND QUARTIER-GÉNÉRAL DE L'ARMÉE D'HAÏTI

MÉMOIRES D'UN OFFICIER
GÉRARD ALPHONSE FÉRÈRE, PH.D.

COUVERTURE
Haut : Président Paul E. Magloire
Bas, à gauche : Général Léon Cantave
Bas, à droite : Général Antonio Kébreau
Concept : Nancy Férère et Magali Férère
Réalisation : Bito David

MISE EN PAGES
Texte et photos :
Nancy Férère
Magali Férère

ASSISTANCE TECHNIQUE
Bito David

Édition 2017. Revue et augmentée
© 2017 Tous droits réservés pour tous les pays
Gérard Alphonse Férère
20136 Ocean Key Drive, Boca Raton, FL 33498
561-883-0226 / 561-542-1730
Gernancy2@hotmail.com

Éditions PerleDesAntilles

ISBN-13: 978-0692212240
ISBN-10: 0692212248

DU MÊME AUTEUR

LIVRES:

Haitian Creole: Sound-System, Form-Classes, Texts
Thèse de doctorat
University of Pennsylvania, Philadelphia.
ERIC Center for Applied Linguistics, Washington, D.C., 1974.

What is Haitian Vodou?
Saint Joseph's University Press, Philadelphia, 1979.

Le Vodouisme haïtien / Haitian Vodouism
Edition bilingue
Saint Joseph's University Press, Philadelphia, 1989.

1492 : Le Viol du Nouveau Monde
Co-auteur. Collectif dirigé par Frantz-Antoine Leconte
Les Éditions du Cidhica, Canada, 1996.

En Grandissant sous Duvalier : L'Agonie d'un État-Nation
Co-auteur. Collectif dirigé par Frantz-Antoine Leconte
Collection Marrons du savoir, France, 1999.

Haïti: Le Vodou au troisième millénaire
Co-auteur. Collectif dirigé par Frantz-Antoine Leconte
Les Éditions du Cidhica, Canada, 2002.

Le Vodou haïtien sans mystification
Éditions PerlesDesAntilles, West Palm Beach, FL 2014.

ARTICLES

Haitian Creole Surface Phonology
Co-auteur avec Bruce Lee Johnson
Journal of the International Phonetic Association, 1972.

Affricates in Haitian Creole: A New Solution
Co-auteur avec Bruce Lee Johnson
Journal of the International Phonetic Association, 1973.

Neglected front-rounded phonemes of Haitian Creole
Co-auteur avec Bruce Lee Johnson
Journal of the International Phonetic Association, 1974.

The Situation in Haiti: A Shameful anachronism in today's human rights climate.
Haïti Tribune, N.Y., 1977.

Diglossia in Haiti: A Comparison with Paraguayan bilingualism
Caribbean Quarterly
University of the West Indies, Jamaica, March, 1977

Haitian Vodou: Its True Face
Caribbean Quarterly
University of the West Indies, Jamaica, December, 1978.

Pour le relèvement d'Haïti
La Nouvelle Haïti Tribune, New York, 1980.

Identité théologique du Vodou
Express Magazine, Miami, 1988.

Syndrome pseudo-xénophobe ou attitude duvaliériste subliminale
Express Magazine, Miami, 1988.

Appel à la Diaspora et défi aux partis et groupements politiques haïtiens
Express Magazine, Miami, 1988.

Nationalité Haïtienne
Express Magazine, Miami, 1988.

Double nationalité.
La Voix d'Haïti, New York, 1990.

DÉDICACE

JE DÉDIE CETTE ÉTUDE À MA FEMME NANCY

À qui la dictature a infligé tant d'angoisse: ce furent tour à tour les quatre arrestations dont je fus victime entre 1958 et 1962 ; ma disparition en 1962, après avoir été arrêté en pleine rue et enfermé à Fort-Dimanche ; les Vêpres d'avril 1963 quand François Duvalier ordonna mon exécution et celle de nombreux officiers, anciens officiers et civils; l'arrestation de tes quatre frères suivie de l'exécution de l'aîné, Wilo ; les longues journées d'inquiétude et terribles nuits de cauchemar qui te torturèrent, après que nous dûmes prendre le chemin de l'exil en mai 1963 sans nos deux bébés restés à la merci du tyran. Je me découvre devant ton courage !

À NOS FILLES MAGALI ET RACHEL

Qui, dans le sommeil de leur innocence angélique, auraient pu tomber sous les balles assassines des exécuteurs de François Duvalier, comme tant d'autres enfants et nourrissons arrachés avec une cruauté morbide des seins de leurs mères.

REMERCIEMENTS

À Nancy, ma collaboratrice, mon éditrice, pour sa précieuse assistance, ses conseils, sa patience, et ses nombreuses lectures du manuscrit qui sont venues lui raviver les blessures des dures souffrances qu'elle a vécues en Haïti et en exil.

À notre fille Magali pour ses contributions à la conception des couvertures, l'insertion électronique des photos, et la mise en pages.

À mon collègue et ami, Bito David sans l'encouragement, l'assistance technique bénévole et la générosité de qui ce projet n'aurait pas pu se concrétiser.

À notre cher ami, Fred Champagne qui a si gracieusement accepté de rédiger la Préface. Autant que nous, Fred a connu les années de terreur infligées à notre Pays par la dictature.

À tous j'adresse mes plus sincères remerciements.

IN MEMORIAM

Une prière à Dieu pour les dizaines de milliers de victimes.

À la mémoire de mon père Alphonse et de ma maman Andrée qui ont fait de moi celui que je suis et qui ont su allumer dans mon cœur la flamme de l'amour de mon Pays.
Pro Patria semper !

À mon cousin germain, le général Frédéric Marc Arty qui me sauva la vie en quatre fois, au risque de la sienne et de sa carrière. C'est grâce à lui que ma famille et moi avons échappé au massacre d'avril 1963.
Que la terre te soit légère !

À mon courageux et regretté beau-frère Wilhelm Turnier, héros sans peur et sans reproches, immolé à la fleur de sa jeunesse au pilori de la terreur duvaliérienne.
Wilo, tu as bien mérité de la Patrie !

À la mémoire de Man Yiyi qui a pris soin de ses deux petites-filles avec le plus grand dévouement pendant les quatre mois de séparation qui suivirent notre départ forcé.
Tu es un ange dans le Ciel !

En souvenir de Marcel Numa, jeune ami que j'ai connu gamin sur les quais de Jérémie et pour qui, depuis lors, j'avais développé une affection toute particulière.
Que ton sang versé fertilise le sol d'une meilleure Haïti!

PRÉFACE

C'est avec émotion et le sentiment de l'accomplissement d'un devoir amical et patriotique que je me rends au rendez-vous que nous propose le professeur Gérard Férère, ancien officier de l'Armée d'Haïti, au Corps des Garde-Côtes, au rendez-vous de l'Histoire, avec son ouvrage *Armée d'Haïti après Magloire et Hitlérisme Duvaliérien.* Dans ce livre, l'auteur rafraîchit la mémoire à certains, en même temps qu'il ouvre de nouvelles avenues à d'autres, soit pour faire revivre, soit pour enseigner un chapitre important de notre Histoire, des faits vécus pendant la période la plus désastreuse de notre existence de peuple.

Beaucoup d'entre nous s'en souviennent, car nous étions à bord de la barque nationale pendant qu'elle échouait sur le récif. Mais les jeunes d'aujourd'hui qui se trouvent maintenant à bord de l'épave doivent être mis au courant de son Histoire, car un peuple sans mémoire de son passé est un peuple sans avenir. Et l'avenir, c'est eux, le Pays c'est eux, les jeunes ! Qui donc peut le faire mieux que quelqu'un qui porte en lui les cicatrices des souffrances du Pays, des situations quand sa vie a été mise à prix, et celles de milliers de compatriotes fauchées par l'infâme dictature des Duvalier ?

C'est au cours de cette randonnée historique que le professeur Férère présente à notre réflexion d'abord son passage dans l'Armée d'Haïti, aux Garde-Côtes, après son retour du Venezuela où il était allé étudier à l'Académie Navale ; ensuite les cinq années aux Garde-Côtes comme officier, capitaine de bateau, quatre dont il garde le meilleur souvenir, sous le gouvernement du Président Magloire, mais une dernière sous la menace constante d'un abject commandant nommé par François Duvalier en 1958. Son limogeage de l'Armée quelques mois après l'arrivée du nouveau commandant ne marqua pas la fin de ses déboires, car il était devenu une carte marquée. En avril 1963, quand l'ordre fut donné par François Duvalier d'assassiner des centaines d'anciens officiers et de civils à la suite d'un incident au cours duquel il y eut une soi-disant tentative d'enlèvement ou d'assassinat de ses enfants, Férère n'eut la vie sauve que grâce à la protection personnelle d'un puissant duvaliériste.

Dans *Armée d'Haïti après Magloire et Hitlérisme Duvaliérien*, l'auteur nous embarque dans un tour panoramique de l'Histoire de notre Pays, à partir de la chute du Président Magloire, à travers les tergiversations, intrigues, divisions dans le commandement et les cadres de l'Armée, culminant avec l'affrontement sanglant du 25 mai 1957. Il fait le récit des manigances des candidats à la présidence et des politiciens, et de l'organisation d'élections frauduleuses par l'Armée, pour arriver, hélas, à la prise du pouvoir par François Duvalier. Le procès de ces aspects ténébreux de notre Histoire que nous fait le professeur Férère ne manquera pas de nous apporter des lumières pour éclairer notre marche vers la renaissance nationale pour laquelle nous devons tous travailler.

La dictature des Duvalier pendant 29 ans est la période la plus horrible de notre Histoire, marquée par ses tortures, massacres, génocides, exécutions, viols, disparitions, corruption, dilapidation des biens publics, crimes de toutes sortes, exil forcé de dizaines de milliers de citoyens, etc.

En 1957, après les progrès des années précédentes, on était en droit d'espérer que le Pays allait suivre la même voie, celle qui mène au respect des principes de liberté, union nationale, justice, droits de l'homme, honnêteté dans la gestion des biens publics, sainteté de la vie humaine etc. Hélas, ce fut tout à fait le contraire : ce fut la dégradation partout dans toutes ses formes. Elle décima l'Armée d'Haïti. Elle causa l'érosion de l'éducation, aggravée par l'exode de milliers de professeurs et de professionnels vers l'étranger, s'étendit au système judiciaire, à l'administration, la société, la moralité, l'économie, l'écologie, les valeurs nationales en général.

Aujourd'hui, face au tableau désastreux qui en a résulté, on s'inquiète en observant le comportement, les opinions et les attitudes de certains membres des nouvelles générations qui n'ont pas vécu la terreur des 29 années des Duvalier. Sous l'influence néfaste des ténors du duvaliérisme, dinosaures ou néo-doctrinaires qui ont l'audace impunie de prôner publiquement une arrogance des plus inacceptables, on voit des jeunes accueillir ces ténors et le sadique rejeton, tout en manifestant leurs penchants vers le matérialisme, les gains faciles, et la cupidité. On constate avec tristesse la disparition chez eux des vertus fondamentales : le patriotisme, l'honnêteté, le respect du prochain et de la vie humaine, la moralité, etc., qui ont fait place à l'ambition, l'insensibilité, la méchanceté, la criminalité, la fourberie, la délinquance, toutes ces séquelles du duvaliérisme.

Nous sommes à un tournant où nous devons agir si nous voulons que notre Pays ne soit pas englouti dans ce courant d'autodestruction, mais se trouve au contraire, de par nos efforts patriotiques, engagé sur la route de la démocratie, du progrès matériel et moral, du respect des droits de l'homme et de la femme, de la vie et de la personne, et non pas sur celle de la honte où nous ont laissés les Duvalier.

Dr. Fred Champagne

TERRE NATALE

Poème de Nancy T. Férère

À Gérard

*F*ierté et gloire voici ton Ayiti
      Pays natif-natal patrie tant adorée
Fier tu es de dire que tu es d'Haïti

*T*erre des Taïnos grand amour Ayiti
      Ton petit coin là-bas joyau tant admiré
Alors pour le revoir tu rêves d'Haïti

*F*ille aînée d'Afrique béni sol d'Ayiti
      Tu toises qui la nie ici à l'étranger
Sans te vanter tu dis que tu es d'Haïti

*L*es paupières closes tu récites Ayiti
      Les années s'écoulent vas-tu voir sa beauté
Avec beaucoup d'espoir tu rêves d'Haïti

*Q*ue ce jour revienne ce passé d'Ayiti
      Ton pays dans ton cœur c'est la réalité
Avec fierté tu dis que tu es d'Haïti

*B*ordée d'un bleu d'azur c'est toi ô Ayiti
      Cet amour robuste tu veux bien l'attester
Car ton pays te dit reviens en Ayiti
Et je t'entends répondre je suis en Haïti

                        CHANTS DE RÊVES
                        CRIS D'ESPOIR

PREMIÈRE PARTIE : ARMÉE

PROLOGUE

MA COURTE TRAJECTOIRE AUX GARDE-CÔTES D'HAÏTI

Photo Garde-Côtes d'Haïti (1955)

Première rangée de gauche à droite :
Raymond Lafontant, Lucien Mangonès, Georges Bayard, officier américain, Edvar Oriol, officier AdH non identifié, Fritz Jeanty, Gérard Férère.

Deuxième rangée de droite à gauche :
Antoine Gauthier, Yvon Volel, Jacques Salgado, Antoine Nauzier, officier non identifié, André Kernizan, Gaston Mangonès, officier non identifié.

Je fus commissionné enseigne de vaisseau des Garde-Côtes d'Haïti en juillet 1953, à mon retour de l'Académie Navale du Venezuela où, comme bénéficiaire, par voie de concours, d'une bourse d'études du gouvernement du Venezuela, j'avais étudié pendant cinq ans. Quelques mois après mon arrivée, je fus nommé capitaine du bateau *GC-1 Savannah*, une marque de confiance dont le Commandant des Garde-Côtes, le capitaine de vaisseau Georges Bayard et les aînés m'honoraient, moi, jeune officier tout frais émoulu des bancs de l'école. Je dis bien le Commandant et les aînés, car à cette époque les décisions étaient prises après consultations entre celui-là et son cadre. Deux ans plus tard, je fus nommé capitaine du *GC-9 Vertières,* navire patrouilleur 'Cutter' tout neuf que le lieutenant de vaisseau Raymond Lafontant et moi amenâmes de la base navale de Norfolk, Virginie. C'est à ces deux postes que j'ai parcouru ma courte trajectoire d'officier des Garde-Côtes, de 1953 à 1958.

Les Garde-Côtes constituaient alors un Corps indépendant dont les officiers ne se mêlaient ni de politique, ni d'intrigues qui pussent créer des antagonismes. Chacun pouvait avoir ses opinions, mais personne ne les claironnait. On s'entendait comme des copains, comme des frères, aînés et plus jeunes. On se partageait les moments agréables aussi bien que les tâches difficiles quand celles-ci se présentaient, comme par exemple, nos voyages presque quotidiens pour aller porter du secours aux victimes dans les villages de la côte dévastés par le cyclone Hazel en 1954. Ce ne sera qu'après les élections de 1957 qu'on commencera à subir des interférences politiques. Peu à peu, François Duvalier procédera à l'élimination des indépendants, les remplaçant par ses féaux, et le service se mettra au diapason avec l'armée duvaliériste, sous les ordres de commandants macoutes tels que Joseph Goban, Albert Poitevien et Jacques Laroche.

HASARD OU DESTINÉE?

*Mon premier commandement aux Garde-Côtes d'Haïti
Le G.C.1 Savannah
Dans la baie du Môle Saint Nicolas*

En 1944, je ne me souviens pas exactement de la date, j'entendis annoncer à la radio qu'un bateau allait être « lancé à la cale de halage » des Garde-Côtes d'Haïti, et que le public était invité à la cérémonie. Je ne savais pas vraiment ce que « lancer un bateau » et « cale de halage » voulaient dire, mais gamin curieux, me voilà en route vers les Garde-Côtes à Bizoton. Je trouvai facilement ma place sur le quai de la cale, parmi les quelques personnes venues assister à cet événement peu ordinaire. Sur la plateforme de la cale de halage se trouvait le *G.C. 1 Savannah* avec à son bord, le Président Élie Lescot, et Madame, marraine de la vedette qui avait comme capitaine, l'enseigne de vaisseau Lionel Fombrun. Neuf ans plus tard, le gamin curieux devint lui-même capitaine du *G.C. 1 Savannah*.

LA MALÉDICTION GOBAN

Peu de temps après l'accession de François Duvalier à la présidence en octobre 1957, le colonel Joseph Goban, obscurantiste en kaki, fut rescapé d'un des postes médiocres des petites villes de province où il avait toujours été relégué, pour devenir non pas commandant, mais 'superviseur général' des Garde-Côtes. Ce titre qui n'existait pas dans les règlements de l'Armée fut probablement inventé par son alter-ego, le Chef d'État-Major Maurice Flambert, un autre officier provincial repêché du bas de l'échelle des gradés. Quelques jours après son arrivée, le colonel Goban, sous l'accusation que j'aurais eu à déplorer sa nomination et à critiquer le gouvernement, me fit enfermer à Fort-Dimanche, l'infâme prison des Duvalier où nombreux sont ceux qui sont entrés sans jamais en sortir.

La venue de Goban était un coup de massue en plein crane pour nous tous, car il y avait à peine quelques semaines, on se réjouissait de la nomination de Raymond Lafontant, un des nôtres, comme commandant. Ça faisait bien 5 commandants, de décembre 1956 à la prise du pouvoir par Duvalier en octobre 1957. Après Georges Bayard, ce fut à tour de rôle, Robert Bazile dont on ne peut dire que du bien, Max Laurenceau nommé par Kébreau et qui se comporta correctement, Raymond Lafontant, et puis ce Goban. Le départ de Raymond nous peina beaucoup. Quelques-uns d'entre nous étions un jour dans la salle où nous nous réunissions parfois pour bavarder, mais qui était en fait le bureau du quartier-maître Fritz Jeanty et du comptable Luckner César. Nous manifestions notre regret de voir partir Raymond. André Kernizan et moi étions de la partie, et moi je me plaignais particulièrement du perpétuel changement de commandement. Le lendemain ou le surlendemain, je reçus un ordre verbal du superviseur général Goban de me rendre à Fort-Dimanche aux arrêts. Il en fut de même pour Kernizan. Il paraît que Goban aurait été mis au courant de nos commentaires. Je suis en mesure d'affirmer qu'il n'y avait pas de mouchard parmi nous, ni les officiers, ni M. Luckner César, fonctionnaire civil impeccable et homme de bien dans toute l'acception du terme. Mais nous avions été imprudents, car à la fenêtre qui donnait sur la cale de halage était assis le sous-lieutenant AdH Max Dominique, futur gendre du Président, présent aux Garde-Côtes je ne savais à quel titre.

À Fort-Dimanche on nous enferma, André Kernizan et moi, dans une pièce où se trouvait déjà prisonnier le capitaine Max Corvington. J'y restai combien de temps? Je ne peux plus me rappeler; je crois que ce fut au moins deux ou trois semaines, mais probablement moins d'un mois. Un jour s'amena à la prison le capitaine René Boucicaut, futur Chef d'État-Major de François Duvalier, envoyé par le Grand Quartier-Général comme enquêteur. Parmi les documents dont il était en possession se trouvait notre chef d'accusation : *À l'arrivée du colonel Goban aux Garde-Côtes, les officiers Gérard Férère et André Kernizan ont critiqué celui-ci et le gouvernement, et se sont plaints de ce qu'il y ait eu trop de changements de commandement aux Garde-Côtes.*

À la suite de cette « enquête », Kernizan devint le premier officier des Garde-Côtes à être réformé par François Duvalier, ayant été précédé toutefois par Jean-Claude Laporte, mon camarade à l'Académie Navale du Venezuela, renvoyé par le général Kébreau, Président du Conseil Militaire de Gouvernement, pour avoir dit que l'île de la Gonâve où il avait été posté en service pour les élections du 22 septembre 1957 avait donné plus de voix à Duvalier qu'elle n'avait d'habitants.

Je fus réintégré aux Garde-Côtes grâce à l'intervention de mon cousin, le capitaine Frédéric Marc Arty, duvaliériste influent. En ce qui concerne mon collègue Kernizan, en plus des accusations à caractère politique, il paraît que monsieur Goban avait contre lui des griefs personnels. Kernizan m'a raconté que, jeune sous-lieutenant, il se trouvait en service dans une petite ville de province et avait eu à prêter de l'argent à son supérieur, le capitaine Goban, dette que celui-ci n'a jamais payée. Ceci rappelle une anecdote au sujet du Président Sténio Vincent. À quelqu'un qui était venu lui rapporter qu'une certaine personne lui voulait du mal, Vincent aurait répondu : « Cela m'étonne, je ne lui ai jamais fait de bien ».

Après ma libération, Goban continua à me persécuter. Vers la fin du mois de juillet 1958, je faisais une crise de malaria. Le 29 juillet, lors de l'attaque des Casernes Dessalines par les officiers Alix Pasquet, Philippe Dominique, Henri Perpignand et les trois sheriffs américains, je me trouvais chez moi, sur la liste des malades, d'ordre du médecin des Garde-Côtes, le capitaine Laborde Titus. Vers midi, un chauffeur de la base vint me chercher me disant que le superviseur général voulait que tous les officiers soient présents à leur poste. Quoique brûlant de fièvre, je m'y rendis pour entendre Goban me dire de préparer le *G.C. 9 Vertières* pour une patrouille. Je lui répondis que j'étais malade, mais il insista. Sachant que j'avais affaire à un ennemi qui voulait avoir ma peau, je pris toutes mes précautions pour ne pas me voir accusé par lui de violer les règlements. Je lui fis savoir que je ne désobéissais pas à son ordre, car j'allais immédiatement monter à bord et diriger les préparatifs pour la patrouille, mais que, vu mon état de santé, je ne pouvais assumer le commandement du navire sans mettre la vie de mes hommes et la mienne en danger. Une fois à bord, je passai les ordres appropriés aux marins et me rendis dans ma cabine. À un certain moment j'entendis le bruit des moteurs et sentis le tangage du bateau. En effet, Goban avait envoyé le sous-lieutenant de vaisseau Gaston Mangonès assumer le commandement du *G.C. 9 Vertières* pour la patrouille. Mais celle-ci fut interrompue soudainement, car un court moment après le départ, le bateau dut retourner au quai parce que le seul moteur qui fonctionnait menaçait de tomber en panne en pleine mer. Heureusement pour moi que c'était Mangonès qui commandait, car si c'était moi, Goban n'aurait certainement pas manqué de m'accuser de sabotage, ce qui, sous François Duvalier, m'aurait valu la peine de mort.

VIVE LA RÉFORME !

Le lendemain, 30 juillet 1958, toujours malade, je fus interné à l'infirmerie des Garde-Côtes par le docteur Laborde Titus. Le 14 août, pendant que je m'y trouvais encore, je reçus l'ordre de me rendre au Grand Quartier-Général. À mon arrivée, je fus reçu courtoisement par le colonel Antoine Multidor qui me fit installer un lit dans un des bureaux. Dans la soirée du 15 au 16 août, toujours brûlant de fièvre, j'annonçai au colonel Multidor que je faisais une crise de malaria. Il mit immédiatement le Service de Santé au courant et un moment plus tard arriva le Dr. Constant, médecin de l'Armée, frère de l'officier macoute et futur général Gérard Constant, qui me fit transporter le soir même à l'hôpital militaire logé provisoirement dans les bâtiments du Lycée de Jeunes Filles, car son local en face des Casernes Dessalines avait été endommagé le 28 juillet. Quelques jours après, je ne me souviens pas de la date précise, de l'hôpital on m'ordonna de me présenter au Grand Quartier-Général, tout malade que j'étais. À mon arrivée je fus heureux d'apprendre que j'allais être questionné par une commission de réforme: colonel Paul Laraque, colonel Louis Roumain, Dr. Timothée, capitaine André Fareau, et deux ou trois autres officiers, membres. Quand ils me posèrent des questions, je ne répondis à aucune, et quand ils me demandèrent si moi j'en avais, je dis non parce que je ne voulais nullement risquer l'apparition d'aucune circonstance atténuante qui pût me faire retourner aux Garde-Côtes: j'aimais bien mes collègues, mes marins, et mon bateau, mais le poste était devenu un enfer avec la présence maudite de ce Joseph Goban. La Commission recommanda ma réforme pour « incapacité professionnelle », décision qui me procura un immense soulagement, car j'étais arrivé à avoir honte de porter le même uniforme que certains militaires corrompus qui bientôt, sous le commandement de serviles Chefs d'État-Major tels que Maurice Flambert, Pierre Merceron, Gérard Constant allaient se prostituer en s'associant activement aux actions criminelles de François Duvalier. Peu après le renvoi de Jean-Claude Laporte, André Kernizan et moi, on allait assister au démantèlement des cadres des Garde-Côtes avec le limogeage de Jacques Salgado, Fritz Jeanty, Frédéric Guerrier, Maurice Martin, Nicolas Beauséjour, Gaston Mangonès, Fritz Hodgson, Mario Montreuil, Antoine Gauthier, Jean Gaetjens, etc.

Après ma réforme je fis tout en mon pouvoir pour rester dans mon pays. Mais, comme tous les anciens officiers, j'étais devenu une carte marquée, et je fus victime de trois autres détentions, l'une d'elles en 1962 à Fort-Dimanche pour la deuxième fois, accusé par Jean Tassy et Franck Romain d'enseigner le créole à des étrangers. Je fus libéré après plusieurs jours, grâce à l'intervention du Chef de la Police de Port-au-Prince, mon cousin le colonel Frédéric Marc Arty.

RENCONTRE FORTUITE À L'AMBASSADE DE CUBA

Après mon départ des Garde-Côtes, je m'engageai à donner des leçons de créole et de français à des étrangers. Parmi mes élèves je comptais les officiers 'barbudos' cubains venus protéger leur ambassade suite à un attentat contre la vie de l'Ambassadeur Rodríguez, et j'étais devenu l'ami de tout le personnel. C'est ainsi que je fus convié à une réception en la résidence de l'Ambassadeur qui m'invita à me faire accompagner par ma fiancée Nancy et des amis si je le désirais. À la fin de la réception, alors que les invités faisaient la queue pour saluer certains dignitaires, j'arrivai devant le colonel Paul Laraque qui venait d'être nommé Assistant Chef d'État-Major par son beau-frère, le général Pierre Merceron. Je le saluai civilement, c'est-à-dire pas militairement. Après Laraque se trouvait M. Franck Paul, ancien Chargé d'Affaires à l'Ambassade d'Haïti au Venezuela quand j'étais étudiant là-bas. Pendant que je le saluais, Franck Paul se tourna vers le colonel Laraque et lui dit : « Colonel, mon ami le lieutenant Gérard Férère a été lauréat à l'Académie Navale du Venezuela ». À quoi je répondis: « Franck, le colonel me connaît très bien: il a été membre de la Commission qui m'a réformé pour incapacité professionnelle. Je ne suis plus lieutenant ». Laraque était parmi les rares civilisés qui existaient encore dans l'Armée d'Haïti. Il ne m'en voulut aucun mal. Imaginez que j'eusse eu à faire cette même remarque à l'endroit d'un Claude Raymond, Jacques Laroche, John Beauvoir, Maurice Flambert, Pressoir Pierre, Franck Romain, Jean Tassy, Antonio Kébreau, etc., ou en l'occurrence un Joseph Goban, ma fiancée, moi, et deux personnes qui nous accompagnaient aurions certainement disparu sur la route du retour chez nous.

COMMENT J'AI ECHAPPÉ AU MASSACRE D'AVRIL 1963

Le vendredi 26 avril 1963, après une soi-disant tentative d'assassinat ou d'enlèvement des enfants de Duvalier devant le Collège Bird dont fut accusé à tort le lieutenant François Benoît, le Président, fou de rage, ordonna l'arrestation et l'exécution de nombreuses personnes, militaires et civils, suspectes d'être des opposants. Il en profita pour ajouter à sa liste certains officiers et anciens officiers présumés d'avoir participé à un complot avorté organisé au début d'avril par les colonels

Lionel Honorat, Kern Delince et Charles Turnier. De nombreuses familles y compris les Benoît et les Édeline, la femme de François Benoît étant une Édeline, furent massacrées. Bien que sachant que j'étais probablement sur la liste des condamnés à exécution, je commis l'imprudence de ne pas me mettre à couvert et de rester chez moi. Dans la soirée, je reçus la visite d'un chauffeur militaire qui me fit savoir que le colonel Frédéric Marc Arty, mon cousin, Chef de la Police de Port-au-Prince, me demandait de le rejoindre à son bureau. Je questionnai le chauffeur à savoir si je devais le suivre dans ma voiture ; il me répondit que le colonel voulait que je vienne dans la sienne. Je gardai mon sang-froid sans paniquer, peut-être parce que mon cousin et moi avions des relations fraternelles et, en deux autres occasions, il m'avait fait libérer de Fort-Dimanche.

À mon arrivée à son bureau Fred me fit asseoir en face de lui, et pendant un long intervalle il tint son visage entre les deux mains sans me regarder. Il me regarda enfin et me dit : « j'ai reçu l'ordre de t'envoyer au Pénitencier National, mais je ne le ferai pas ». Comme Chef de la Police et homme de confiance du Président, Fred ne recevait d'instructions d'aucun autre supérieur que de Duvalier lui-même. Il se leva, ouvrit une porte qui donnait sur un couloir et appela le lieutenant Édouard Guillod, tortionnaire bien connu, à qui il dit : « Vous n'avez pas besoin d'arrêter le lieutenant Férère. Je l'ai déjà fait ». Ce sanguinaire de Guillod n'arrêtait jamais, il tuait sur le champ. Il m'aurait certainement exécuté sur place et en aurait fait autant de ma femme et de mes deux enfants. Fred prit alors le téléphone. Je compris tout de suite à qui il parlait, car il répétait « oui excellence, oui excellence ». Il essayait d'obtenir du Président Duvalier la permission de me garder sous sa protection. Toute la nuit du vendredi 26 au samedi 27 avril 1963, toute la journée et la nuit du samedi, jusqu'au dimanche 28, il ne me laissa jamais seul et m'emmena avec lui quand il sortait. Tôt le samedi matin, il me prit dans sa voiture et passa chercher Nancy et les enfants pour les emmener prendre le petit-déjeuner chez lui. Là, ce n'était pas le militaire, mais le parent qui agissait, un cousin qui vouait une grande importance aux liens et relations de famille. Le dimanche 28, tôt dans l'après-midi, il me fit ramener chez moi par son chauffeur, après m'avoir assuré que « mon nom était sur la liste de personnes à ne pas être arrêtées », une liste du Président Duvalier bien sûr, et avec un message pour Nancy de le mettre au courant immédiatement si quelque chose m'arrivait.

« Si quelque chose m'arrivait » ? Fred venait de me sauver la vie pour la troisième fois. Jusques à quand allait-il pouvoir continuer à me rescaper des gouffres de l'enfer ? Il s'était déjà exposé à beaucoup de risques en me protégeant et je ne pouvais guère faire confiance à une liste de Duvalier. Le lendemain matin, lundi 29 avril, vers 9 heures, Nancy et moi nous nous rendîmes à l'Ambassade Américaine où le Consul Robert Maule, l'Attaché Commercial Blacque, et les Consuls Robin Porter et Charles Thomas, mes élèves de créole et nos amis, nous gardèrent sous leur protection en attendant qu'ils nous trouvent une solution définitive, car les ambassades américaines n'accordent pas l'asile politique. En effet, à un certain moment, le Consul Maule sortit de son bureau, vint au couloir où Nancy et moi étions assis et nous dit : « Nous avons un problème, mais quand nous avons des problèmes nous les solutionnons ». Ce qui fut fait : des 'marines' envoyés en inspection à travers la ville pour découvrir une ambassade d'un autre pays qui n'était pas surveillée par la police ou par les macoutes rapportèrent que celle du Chili ne l'était pas. M. Blacque nous prit dans sa voiture personnelle et nous y amena, tout en nous demandant de ne rien dévoiler à l'Ambassadeur chilien au sujet des détails de notre arrivée chez lui. Quelques jours après, notre ami et protecteur, le Consul Robert Maule, nous apporta nos visas de résidence sans même que nous eussions eu à les solliciter. Le 12 mai 1963, nous prîmes l'avion vers les États-Unis où nous vivons depuis. Nous et notre famille y avons trouvé « Peace, Liberty and the Pursuit of Happiness ». Merci, Consul Maule, Consul Porter, Consul Thomas, Attaché Commercial Blacque ! Merci, à tous nos amis et 'marines' de l'Ambassade Américaine.

MON BUT DANS CET EXPOSÉ

Dans cet exposé, je me propose d'offrir le récit de faits vécus au cours des événements de 1956-1957, ou bien qui ont été rapportés par des sources dignes de foi. J'y ajouterai un voyage au fond de l'enfer duvaliérien de 1957 à 1986, avec des comptes-rendus de ses massacres et autres crimes. Je ne manquerai pas de dénoncer la conduite des militaires qui ont trahi leur serment, eux qui ont contribué à créer les moments les plus tristes de notre Histoire. Je n'arrêterai pas mes analyses à 1986, je continuerai avec la dénonciation des dictateurs militaires Henri Namphy, Prosper Avril et Raoul Cédras qui saisirent le pouvoir de 1986 à 1994, et de leurs Forces Armées d'Haïti et groupes paramilitaires, jusqu'à la dissolution de celles-là en 1994 par le Président Jean-Bertrand Aristide. Je tiens aussi bien à rendre hommage aux officiers de la vieille Armée d'Haïti qui ont servi avec honneur. Il ne faut pas les confondre avec les criminels. Nombreux sont ces anciens membres qui, indépendants, respectueux du devoir, voulaient d'une Institution impartiale, au service du Pays, libérée de toutes attaches politiques. Malheureusement ils furent neutralisés par leurs collègues politiciens, partenaires de l'Hitlérisme duvaliérien, et ce fut de leurs rangs que sortirent les centaines de militaires victimes de meurtre ou de renvoi arbitraire par le général Antonio Kébreau et l'ignoble François Duvalier.

I - FIN DE LA PRÉSIDENCE DU GÉNÉRAL MAGLOIRE

DURÉE CONTROVERSÉE DU MANDAT PRÉSIDENTIEL
6 décembre 1956 ou 15 mai 1957 ?

Président Paul Eugène Magloire

Principaux protagonistes du 6 au 13 décembre 1956: Président Paul Eugène Magloire, sénateur Louis Déjoie, MM. François Duvalier, Daniel Fignolé, Clément Jumelle, général Antoine Levelt, MM. les Honorables Juges Joseph Nemours Pierre-Louis, Rodolphe Barau, Lélio Vilgrain.

Le 6 décembre 1956, sous l'effet des pressions exercées par des leaders politiques qui aspiraient au pouvoir, dont les candidats à la présidence, sénateur Louis Déjoie, professeur Daniel Fignolé, docteur François Duvalier, et M. Clément

Jumelle, celui-ci tout récemment ministre des Finances et présumé dauphin, le Président Magloire annonça sa démission du Pouvoir Exécutif, tout en essayant cependant de demeurer comme général de division, chef de l'Armée. Précédée de circonstances et de manœuvres politiques, cette démission fut l'épilogue d'une controverse juridique au sujet de l'interprétation des documents régissant la durée du mandat présidentiel. En effet, l'article 7 du Décret électoral du 3 août 1950 de la Junte de Gouvernement sous l'empire duquel le colonel Paul Eugène Magloire avait été élu préconisait:

> *Le Président de la République, est élu pour une durée de six (6) années et n'est pas immédiatement rééligible.*

Cependant, les rédacteurs de la Constitution de 1950 votée et mise en vigueur après l'élection du colonel Magloire crurent bon de fixer la fin du mandat présidentiel à la date traditionnelle du 15 mai, celle de l'entrée en fonction d'autres Chefs d'État, dont Louis Borno en 1922, Sténio Vincent en 1930, Élie Lescot en 1941. Il n'y a donc pas lieu d'accuser les constituants d'avoir voulu favoriser le nouveau Président en particulier, en insérant la disposition transitoire suivante dans la charte:

> *Article A.- Le Président de la République, le citoyen Paul Eugène Magloire, élu le 8 octobre 1950, entrera en fonction le 6 décembre 1950 et son mandat prendra fin le 15 mai 1957.*

La question dont on fit le nœud gordien constitutionnel consistait à déterminer si la Constitution avait préséance ou pas sur le Décret de la Junte. En l'absence de la défense d'intérêts individuels de part et d'autre, la réponse eût été évidente.

Mais les candidats à la présidence Clément Jumelle, Louis Déjoie, Daniel Fignolé, François Duvalier qui menaient déjà campagne, aussi bien que d'autres secteurs de l'opposition, mus par leurs ambitions personnelles, et interprétant à leur façon les déclarations du Président lui-même qui insistait sur son respect de la durée de six ans de son mandat, voulaient à tout prix qu'il s'en aille le 6 décembre. Ils crurent à un moment qu'ils venaient d'avoir gain de cause, quand le Président rendit publique sa décision dans son discours du 6 décembre 1956. C'est un document d'extrême importance qui mérite d'être reproduit dans son intégralité, car il marque un tournant radical dans notre Histoire. En effet, nous verrons qu'après la présidence de Paul Eugène Magloire, le Pays allait vivre les déboires les plus horribles de son existence.

DISCOURS DU PRÉSIDENT MAGLOIRE LE 6 DÉCEMBRE 1956

Peuple haïtien,

Aujourd'hui le 6 décembre 1956, sixième anniversaire de notre prestation de serment comme Président de la République, où de tous les coins du Pays nous viennent des témoignages émouvants de reconnaissance pour les efforts déployés par notre Gouvernement dans tous les domaines, pour votre bien-être matériel et moral, nous nous adressons à vous des Casernes Dessalines, entouré des loyaux officiers, sous-officiers et soldats de nos forces armées dans lesquels nous retrouvons ce matin la même foi, la même confiance qui nous avait soutenu en 1946 et en 1950. Nous nous adressons à vous aujourd'hui pour vous dire que, la conscience tranquille et satisfait du bien que nous avons pu réaliser, l'esprit lucide et enrichi de toute la somme des expériences acquises au cours des luttes que nous avons menées pour vous, nous déposons devant l'Histoire et devant vous, notre mandant, le bilan de notre gestion de gouvernement.

Que le jugement que nous appelons sur nous-même soit sévère mais impartial, que l'interrogatoire de l'Histoire soit implacable mais juste, nous tiendrons la tête haute, avec la sincérité que donne la certitude du devoir accompli, en quelque coin du territoire où nous appellera notre juge pour la confrontation nécessaire.

Président pendant six ans, nous avons exigé de nous-même et du Pays le maximum de sacrifice et de discipline ; car il convenait de créer, dans ce court délai, les conditions essentielles d'équilibre et de paix sans lesquelles aucune démocratie n'est viable. Nous avons, dans une large mesure, comme nous l'avons promis, mené la bataille plutôt dans les faits en plaçant, comme autant de bornes, sur chaque kilomètre carré de la République, des preuves remarquables de notre souci de délivrer le peuple de la misère, de la maladie et de l'ignorance.

Si nous n'avons pas atteint tous nos objectifs, c'est que des catastrophes imprévisibles, cyclones, tremblements de terre, inondations, quand ce n'était pas la sécheresse, ont bouleversé notre économie déjà précaire, réduisant ainsi à néant quelques-uns de nos plans les plus soigneusement élaborés. Mais nous avons la satisfaction d'y avoir fait face avec d'autant plus de courage et de fermeté, que les attaques les plus décevantes de nos adversaires sont venus juste à ces moments difficiles où le patriotisme et la dignité commandaient plutôt à tous de se taire devant le malheur commun et de se serrer les coudes.

Au demeurant, notre journée a été bien remplie et c'est fort de cette conviction intime, fort de la reconnaissance indéfectible du Peuple pour qui nous avons mis à contribution toutes les ressources de notre intelligence et de notre jeunesse, fort de l'appui délibérément accordé par tous les honnêtes citoyens, fort de la considération profonde de nos amis, de toutes les couches sociales qui se préparent, au moment où nous parlons, à manifester une nouvelle fois leur attachement à notre personne, fort de l'appui de notre fidèle Armée que, librement, sans pression d'aucune sorte et en parfait accord avec notre conscience de soldat, nous avons pris la décision irrévocable de mettre un terme à notre mandat présidentiel, faisant ainsi nôtre la thèse soutenue par certains secteurs et par des juristes éminents, à savoir que la Constituante de 1950 ne pouvait, sans outrepasser ses droits et méconnaître les limites de ses pouvoirs, ajouter aux six années que le Décret de la Junte de Gouvernement avait fixé comme durée du mandat de celui qui serait l'élu des Assemblées Primaires du 8 octobre 1950.

Notre décision étant prise, nous en avons fait part – toujours par respect pour notre Charte constitutionnelle – aux Honorables citoyens que l'Article 81 désigne comme successeurs éventuels du Président de la République, en cas de vacance par décès, démission ou toute autre cause. Ils ont, par l'organe du Président de la Cour de Cassation, décliné l'honneur d'assumer les responsabilités du Pouvoir Exécutif, parce que, dans les circonstances actuelles, ils ne peuvent garantir le maintien de la paix publique dans la légalité, s'en remettant ainsi à l'Armée, seule habile à assurer l'ordre intérieur et la sécurité des familles. L'Armée ayant ainsi accepté, nous avons pleine confiance qu'elle sera, comme toujours, la gardienne vigilante des droits du Peuple, qu'elle sera à la hauteur de sa mission, avec le concours patriotique de tous les citoyens de bonne volonté, qu'elle respectera nos engagements interna-

tionaux et qu'elle s'évertuera à consolider les liens d'amitié qui nous unissent à nos voisins et à tous les peuples frères.

Dans un monde en proie aux plus angoissantes appréhensions, où les menaces d'une nouvelle conflagration planent avec des conséquences sans précédent dans l'Histoire de l'humanité, il serait criminel qu'un petit pays comme le nôtre, vivant au jour le jour sur une économie instable, oblitérée de surcroît par les suites du cyclone de 1954 sur notre production, il serait criminel que nous ne consentions pas à faire table rase de tous les motifs de haine et de dissensions. Il est urgent que les turbulences dont nous portons les tares et les cicatrices fassent place à une détermination farouche de discipline pour assurer une stabilité politique et financière sans laquelle Haïti ne peut rattraper l'avance qui doit le mettre au niveau des autres pays.

Nous faisons appel à tous nos concitoyens, à nos partisans comme à nos adversaires, pour arriver aux ultimes concessions que les dieux qui veillent sur le patrimoine commun attendent de leur patriotisme.

Nous faisons appel au commerce, à l'industrie, à toutes les institutions nationales qui font notre fierté, aux ouvriers, aux patrons, aux étrangers qui partagent fraternellement notre vie, nous faisons appel aux prêtres et aux pasteurs pour qu'ils redoublent de foi dans leurs prières, afin que Dieu le Grand Maître des destinées nous assiste et nous donne le courage nécessaire pour affronter toutes les épreuves et les nouveaux sacrifices que réclamera le salut de la Patrie.

(Fin du discours du Président).

Vu la teneur conciliante du message, ceux qui l'avaient écouté pouvaient conclure que le Président pliait bagages.

Mais il fallait avoir compté sans la malheureuse intervention du général Antoine Levelt, dont le plan était de remettre à nouveau la charge de l'Exécutif au Président démissionnaire, toujours général de division, certainement pas sans l'assentiment préalable de celui-ci. Ce discours fit sauter la poudrière.

En voici le texte :

DISCOURS DE GÉNÉRAL LEVELT LE 6 DÉCEMBRE 1956

Peuple haïtien,

L'Armée d'Haïti, une fois encore, se trouve à une croisée de chemins. De la voie qu'elle choisira dépendra le bonheur ou le malheur de tout un peuple. La brusque décision de Son Excellence le Président Paul Eugène Magloire de se retirer du Pouvoir, parce que selon Elle, son mandat est conditionné par le Décret de la Junte de Gouvernement du 4 août 1950 plutôt que par la disposition transitoire de la Constitution de 1950 qui la porte au 15 mai 1957, a saisi automatiquement les Hauts Fonctionnaire prévus par l'Article 81 de la Constitution pour exercer provisoirement les attributions du Pouvoir Exécutif jusqu'aux prochaines élections.

Au cours d'une entrevue qui eut lieu ce matin vers les 9 heures entre les Membres du Pouvoir Exécutif, le Président, le Vice-Président et le plus ancien Juge du Tribunal de Cassation et le Haut État-Major de l'Armée d'Haïti, réunis par le Chef de l'État qui avait tenu à leur faire part de sa décision irrévocable, Le Président du Tribunal de Cassation a formellement demandé au Chef d'État-Major de l'Armée si l'Armée garantissait dans la conjoncture actuelle l'ordre et la sécurité publics, tout en restant dans le cadre de la Constitution et des lois. Celui-ci, pénétré de ses responsabilités envers le peuple haïtien tout entier et se faisant l'interprète du Haut État-Major et de l'Armée tout entière, a fait un exposé minutieux et sincère de la situation, exposé d'où il ressort que ce Haut Fonctionnaire ne pourrait pas, vu la gravité exceptionnelle du moment, diriger les destinées du Pays, sans recourir à des mesures extra-légales que seul un gouvernement fort est capable de prendre dans l'intérêt supérieur de la Nation.

Devant cet état de choses, le Président du Tribunal de Cassation, en accord avec le Vice-Président et le plus ancien Juge ont préféré s'en remettre au patriotisme de la force publique, pour dénouer la crise et envisager les mesures de sauvetage nécessaires.

Conscient de ses devoirs, le Haut État-Major de l'Armée qui, au cours de cette nuit, a longuement délibéré sur la question avec tous les Commandants des Départements Militaires du Pays, a décidé de solliciter du Général de Division Paul E. Magloire qui est nanti de la pleine confiance non seulement de l'Armée, mais aussi de la très grande majorité du Peuple haïtien, de conserver provisoirement les rênes du Pouvoir, jusqu'à ce que la paix revenue puisse permettre aux Institutions nationales de fonctionner librement, lui garantissant que l'Armée est et sera solidaire de toutes les mesures d'exception qu'il prendra pour la conservation du patrimoine sacré légué par nos aïeux.

Fort de cet appui, fort de l'affection de la très grande majorité du Peuple haïtien, le Général de Division Paul E. Magloire a bien voulu accepter une nouvelle fois de se mettre au service du Pays.

(Fin du discours du général Levelt).

Le Chef d'État-Major, en se chargeant lui-même de justifier le refus des Juges en Cassation engageaient de plein front la responsabilité de ces derniers. Les trois Honorables Magistrats crurent nécessaire de publier le lendemain, leur propre explication. Leur déclaration rédigée sous forme de procès-verbal revêt autant d'importance historique que les deux discours précédents.

La voici :

DÉCLARATION DES JUGES EN CASSATION

« *Le 6 décembre 1956, Nous soussignés, Joseph Nemours Pierre-Louis, Président de la Cour de Cassation, Rodolphe Barau, Vice-Président et le plus ancien Juge Lélio Vilgrain, sur l'invitation du Président de la République, nous sommes rendus au Palais National à dix heures du matin. Nous avons été introduits dans la salle de Conseil. Nous y avons trouvé les Secrétaires d'État, les Sous-Secrétaires d'État, ainsi que le Haut État-Major de l'Armée.*

Quelques instants après, le Président de la République fit son entrée dans la salle et prenant siège dans cette assemblée, il fit l'exposé des motifs qui ont déterminé cette convocation. Il dit que le Pays traverse présentement une situation très grave, des actes de sabotage ont été perpétrés ces jours-ci par des perturbateurs de l'ordre, le Pays fait face à une crise économique qui, espère-t-il, ne durera pas. Il a ajouté qu'après mure réflexion, il adoptait la thèse de ceux qui soutiennent que son mandat présidentiel était de six années et arrivait à expiration ce jour 6 décembre 1956. En conséquence, il se retire du pouvoir, et en application de la Constitution, il fait appel au Président de la Cour de Cassation, ou au Vice-Président, ou au Juge le plus ancien, pour assurer l'exercice du Pouvoir Exécutif temporairement.

Le Président de la Cour de Cassation a dit formellement qu'il n'acceptait le pouvoir qui lui échoit en vertu de l'Article 81 de la Constitution que si l'Armée représentée par le Haut État-Major lui donnait l'entière assurance qu'elle respecterait la Constitution et les Lois pour le maintien de l'ordre et de la tranquillité sur tout le territoire.

Le Général Antoine Levelt, Chef d'État-Major, se faisant l'interprète de l'Armée, a affirmé qu'un vent de terrorisme souffle sur le pays, que des bombes ont éclaté en divers points de la ville, que ce matin même dans la Ruelle Berne un homme porteur d'une bombe a été déchiqueté par l'éclatement de l'engin, que pour mettre fin à cet état de chose qui est une menace pour tous, l'Armée doit recourir à des mesures extra-légales. À cette situation exceptionnelle, il faut opposer des moyens exceptionnels, a-t-il ajouté.

Après cette déclaration catégorique du représentant de l'Armée, le Président de la Cour de Cassation a dit que, étant donné son caractère de Magistrat de carrière, il ne peut assurer la Présidence provisoire de la République que si la Constitution et les Lois en vigueur doivent être fidèlement respectées. Il a alors cédé la parole au Vice-Président de la Cour de Cassation.

Ce Magistrat à son tour revient sur l'exposé qui a été fait au cours de cette réunion et affirme qu'en raison d'une carrière de plus de cinquante-deux ans consacrée à la Justice et à l'application des Lois, il ne saurait accepter un pouvoir temporaire de l'Exécutif que dans les normes de la Constitution et des Lois en vigueur, qu'il se voit obligé de décliner l'honneur qui lui est fait s'il doit être exercé par des moyens extra-légaux.

Vient ensuite le tour du plus ancien Juge Lélio Vilgrain qui déclare avoir occupé des fonctions administratives et judiciaires pendant quarante-cinq ans dont vingt ans à la Cour de Cassation et n'avoir jamais eu d'autre boussole que la Constitution et les Lois dont il a été le fidèle observateur ; qu'il ne saurait, en raison de ce passé, diriger provisoirement les intérêts de la nation en s'appuyant sur des moyens extra-légaux, qu'il n'entend pas accepter le pouvoir qui lui est échu si la Constitution ne doit pas être appliquée.

Après quoi le Président de la République, ayant salué les membres de l'Assemblée se retira, et les membres de la Cour de Cassation se retirèrent également.

(Fin de la déclaration des Juges).

Ainsi donc, les raisons invoquées par les Honorables Juges Joseph Nemours Pierre-Louis, Rodolphe Barau et Lélio Vilgrain pour justifier leur refus reposent sur leur interprétation de la Constitution, dont leur conclusion qu'ils se trouvaient en face d'une situation légalement inacceptable qui ne leur laissait aucune alternative. En résumé: le Chef d'État-Major Antoine Levelt, requis par les Magistrats de donner son « assurance que l'Armée respecterait la Constitution et les Lois » avait déclaré ne pas pouvoir le faire, alléguant la nécessité d'imposer des mesures exceptionnelles.

Comptant sur l'appui apparent de l'Armée et sa propre popularité, le général Magloire tenta de mater l'opposition. Mais, pendant les six jours qui suivirent, celle-ci intensifia ses actions, chacun selon sa méthode : Louis Déjoie organisa une grève du commerce, Fignolé fit appel à son 'rouleau compresseur' qui manifesta pacifiquement dans les rues de la capitale; cependant, du maquis où il se trouvait caché, François Duvalier usa la violence en faisant éclater des bombes meurtrières. Écoutons le témoignage du journaliste et écrivain américain Bernard Diederich à ce sujet :

> *Le premier acte connu de terrorisme attribué à l'équipe clandestine de Doc Duvalier était soigneusement et sournoisement planifié pour littéralement pousser le gouvernement de Magloire par-dessus bord au moment où il allait atteindre la fin de son mandat. L'opération connue seulement du petit groupe des partisans de Duvalier impliqués dans sa préparation fut déclenchée le mercredi 5 décembre 1956.*

(Diederich 2005 : 45).

Après son discours, le Président Magloire fit une tournée dans les zones commerciales de Port-au-Prince et constata que tout était fermé. Plusieurs commerçants furent convoqués au Palais pour les convaincre d'ouvrir leurs établissements, avec toutes les garanties de protection par la police. Certains essayèrent mais furent contraints de fermer par crainte d'exposer leurs magasins au pillage. À la grève du commerce s'ajouta celle des bureaux publics. Aux Casernes Dessalines où je me trouvais en service spécial, le colonel Bernardin Augustin me donna l'ordre d'aller inspecter les bureaux de l'État du voisinage. C'était pour lui faire peu après le rapport qu'ils étaient ouverts, mais tous vides : les Ministères de l'Intérieur et de la Défense, des Finances, des Travaux Publics, le Bureau des Contributions, le Palais de Justice, etc. La grève s'y était étendue.

De son côté, le Président Magloire refusait absolument de faire appel à la force, refusait de soumettre la nation à la violence qu'elle connaîtrait peu après sous les bottes du général Antonio Kébreau. Il convoqua l'État-Major de l'Armée au Palais pour une évaluation de la situation. Parmi les officiers présents, un seul, le major Paul Corvington, officier jouissant d'une réputation impeccable, eut l'honnêteté de lui conseiller de démissionner, tandis que d'autres juraient leur fidélité inaliénable, flattaient le Président ou gardaient un lâche mutisme.

Dans les jours qui suivront, on verra que la démission finale sera bien la décision qu'il devra prendre. Mais, poussé par le général Levelt et les autres adulateurs, il opta pour la démission à la tête du Pouvoir Exécutif seulement, mais pas comme général de division, Chef de l'Armée. Ci-après son message du 12 décembre 1956 à la Nation :

DISCOURS DU GÉNÉRAL MAGLOIRE LE 12 DÉCEMBRE 1956

Peuple Haïtien,

Lorsque, il y a six jours, je fus sollicité par mes frères d'armes qui m'honorent de leur entière confiance, de garder temporairement le Pouvoir Exécutif, malgré ma décision irrévocable de mettre un terme à mon mandat présidentiel, je savais déjà que j'allais faire face à des difficultés de toutes sortes suscitées contre la vie du Pays et à des complots incroyables contre sa souveraineté.

En effet, depuis trois jours une grève aussi incompréhensible que tendancieuse paralyse les activités de la capitale. On voit déjà, par son origine et son orientation, qui est désigné, en fin de compte, pour en être la victime et au préjudice de quelle catégorie de citoyens elle a été criminellement montée avec la participation d'éléments étrangers. Malgré le calme imperturbable et le tact dont nous ne sommes jamais départi durant ces soixante-douze heures, et malgré tous les appels à la raison que nous avons lancés en tout désintéressement et de toute notre âme de patriote pour arrêter l'organisation de ce désastre national, la détermination des fossoyeurs de la Patrie s'est entêtée à amener la guerre civile à nos portes. Nous avons voulu empêcher que ne recommence la lutte des classes et tout son cortège de malheurs imprévisibles ; nous avons voulu éviter que nos rues soient le théâtre de la violence populaire qui a amené, une fois déjà, l'ombre d'un drapeau étranger pendant de longues et douloureuses années, sur notre prestige et notre dignité de peuple indépendant.

Le procédé du criminel l'identifie suffisamment. Il a pris devant l'Histoire comme à la veille de 1915, ses pleines et entières responsabilités. Il nous reste à prendre les nôtres, totalement, débarrassé de tout empêchement découlant de la responsabilité du Pouvoir Exécutif. Aussi j'ai fait savoir à l'État-Major de l'Armée qui est solidaire de toutes nos démarches que nous désirons renoncer à l'honneur qu'il nous a fait de nous confier la charge du Pouvoir.

Nous demandons au Peuple d'être calme et de refuser tout mot d'ordre qui pourrait compromettre définitivement sa cause qui reste la nôtre aujourd'hui plus qu'hier.

(Fin du message).

PÉNITENCIER NATIONAL LE 12 DÉCEMBRE 1956

Pendant la crise de décembre 1956, le lieutenant de vaisseau Maurice Martin, l'enseigne de vaisseau Antoine Gauthier et moi étions en service détaché aux Casernes Dessalines avec un contingent de marins et recevions nos ordres directement du colonel Bernardin Augustin, Commandant du Département Militaire du Palais National. C'est ainsi que dans l'après-midi du 12 décembre, d'ordre du colonel Augustin, Martin et Gauthier furent envoyés avec un détachement de marins au coin des Rues du Centre et des Casernes ; pour moi ce fut l'angle des Rues du Centre et du Champ-de-Mars, en face du Pénitencier national, où des manifestations avaient été signalées. En arrivant, je constatai qu'il ne s'agissait pas de manifestation, mais tout simplement de la présence de quelques parents et amis venus tranquillement attendre la libération des prisonniers politiques qui avait été annoncée. On n'avait aucun mal à maintenir l'ordre dans ce petit groupe où je reconnus mes amis Frantz Nicolas, Luc Turnier et Ady Denis, et un monsieur qui fut plus tard sénateur duvaliériste, Victor Nevers Constant. Nous conversions amicalement et ces quatre personnes nous aidaient volontiers à maintenir le calme quand soudainement arriva en trombe un contingent de policiers sous le commandement du lieutenant John Beauvoir. Sans aucune raison, Beauvoir et ses policiers attaquèrent ces innocents à coups de crosses de fusils et de matraques.

Au cours de cette agression, il y eut des coups de feu d'armes de petit calibre dont j'entendis l'éclat sans cependant pouvoir en identifier l'origine. Deux blessés: un de mes marins au ventre et un policier de Beauvoir au cou. Je chargeai quatre de mes hommes de conduire mon marin et le soldat blessés à l'intérieur du pénitencier, pendant que John Beauvoir continuait la bagarre. On accusera le colonel retraité Henri Clermont d'avoir été celui qui tira. Deux officiers de la Police, Lanore Augustin et Alix Jean iront procéder à son arrestation chez lui et seront abattus, d'après certains, par Clermont et ses fils, mais d'autres ont rapporté que Jean avait reçu une balle au dos tirée par un policier. N'ayant pu mettre la main sur le colonel Clermont, la police incendia sa maison.

Henri Clermont était effectivement présent devant la prison ce 12 décembre 1956. Je l'ai vu, mais je ne l'ai pas reconnu alors. Cependant, je me souviens très bien qu'à un certain moment pendant la mêlée, je me trouvais sur le perron d'une maison en face de la prison où un policier étranglait avec son fusil un homme âgé aux cheveux rougeâtres. Je touchai l'épaule du policier, et son arme me frappa à l'œil gauche, pendant qu'il se retournait vers moi. Ce n'est que plus tard, de retour aux Casernes Dessalines, quand on y amena les deux fils

Clermont ligotés pieds et mains et déjà soumis à des bastonnades, que je me suis rendu compte que l'homme âgé aux cheveux rougeâtres était le colonel Clermont que je connaissais très bien, mais que je n'avais pas préalablement reconnu. En face de la prison, devant moi, c'était lui que le policier étranglait. Je ne l'ai pas vu tirer, moi qui étais à un moment la cible la plus proche de ce célèbre champion franc-tireur. En 2015, j'ai rencontré en Floride un témoin oculaire qui m'a affirmé l'avoir vu pistolet à la main.

Grâce à ma présence à l'intérieur du Pénitencier national ce 12 décembre 1956 au moment de la libération des prisonniers politiques, je suis en mesure d'offrir un témoignage d'un autre genre rendant un hommage mérité à la conduite impeccable du capitaine Max Bazelais, Commandant du poste. En effet, quand vint le moment de libérer les détenus politiques, plusieurs d'entre eux se trouvèrent réunis dans les bureaux du Commandant, dont le sénateur Déjoie, M. Fignolé, M. Paul Cassagnol, et plusieurs membres de l'organisation 'Le Souverain'. Le sénateur prit la parole pour remercier le capitaine du bon traitement que lui et les autres avaient reçu au cours de leur emprisonnement. Je me souviens particulièrement de M. Paul Cassagnol et du groupe 'Le Souverain', car le capitaine Bazelais me chargea de les accompagner personnellement celui-là chez lui, à la cité Wilson, à Babiole, ceux-ci au carrefour de Madame Colo, au Bel Air. En fait, toutes les personnes détenues, sans exception, ne furent pas simplement libérées : le capitaine Bazelais s'assura que tous fussent accompagnés jusqu'à leur résidence par des militaires, s'il n'y avait pas de parents ou amis pour les accueillir à leur sortie.

DÉPART DU PRÉSIDENT MAGLOIRE

Nulle part dans le message du 12 décembre 1956 le Président Magloire n'avait annoncé sa démission de l'Armée. C'est qu'il voulait effectivement demeurer comme général. L'opposition continua à réclamer son départ.

Des sources sures et dignes de foi m'ont rapporté que dans la matinée du lendemain 13 décembre, le général Magloire appela les Casernes Dessalines au téléphone pour annoncer son arrivée prochaine, mais ceux qui répondirent le déconseillèrent. Cet avis ne le fit pas changer d'idée toutefois, car il s'apprêtait à le faire quand même, étant donné qu'il pouvait compter sur des militaires qui lui étaient restés fidèles à ce poste et ailleurs. Puis arrivèrent la visite de l'Ambassadeur des États-Unis, M. Roy Tasco Davis, et celle du colonel Évariste Ducheine, camarade de promotion et ami fidèle du Président.

Comme l'a dit le journaliste Albert Occénad, le général « aurait pu avoir raison de l'agitation populaire en employant les moyens de force que les dictateurs n'hésitent pas à utiliser en de telles circonstances » (Occénad : 51). Mais il ne voulait à aucun prix causer d'effusion de sang. Il appela les Casernes à nouveau pour faire part, cette fois, de sa décision de partir.

En plus de la présence en la résidence présidentielle du colonel Évariste Ducheine, ami du Président, et de l'Ambassadeur Roy Tasco Davis, remarquons celle, insolite certes et à des fins abjectes, d'un certain Lucien Chauvet. Sur l'insistance d'un Chauvet très excité, on accorda au Président et à sa famille très peu de temps pour se préparer. Ce fut lui qui réclama du général la remise de son pistolet. Nous verrons qu'à la suite, Chauvet deviendra un puissant macoute et occupera des postes importants dans le gouvernement de François Duvalier. On le retrouvera aux Casernes Dessalines avec ce dernier, le 25 mai 1957 pendant l'affrontement entre le général Léon Cantave et le colonel Pierre Armand discuté à la Section VI de cet ouvrage. La famille Magloire était encore présente dans la maison, rapportent les mêmes sources sures précédemment mentionnées, quand le sieur Chauvet accompagné d'autres personnes amena des véhicules et fit emporter le contenu de la maison.

Entre-temps, un secteur non identifié publia deux communiqués anonymes, soi-disant au nom des « officiers, sous-officiers et soldats de toutes les organisations du Pays » :

PREMIER COMMUNIQUÉ ANONYME

Les Officiers, Sous-Officiers et Soldats de toutes les organisations de l'Armée d'Haïti, conscients de la gravité de la situation politique qu'affronte actuellement le Pays ont, pour sauvegarder les Institutions Nationales, décidé de demander au Général de Division Paul E. Magloire de démissionner de l'Armée d'Haïti. Le Général Magloire, pleinement imbu de la situation a effectivement démissionné et se trouve actuellement en instance de départ.

Nous demandons au Peuple de garder son calme pour rendre facile la tâche du Président Provisoire, Son Excellence Joseph Nemours Pierre-Louis, afin qu'il puisse gouverner le Pays selon les normes démocratiques.

Nous demandons instamment à tout le Peuple Haïtien de se grouper autour du Gouvernement provisoire constitutionnel et aux leaders des différents groupements politiques d'exhorter leurs partisans à la pondération et au calme afin que la vie nationale revienne rapidement à la normale.
Fait à Port-au-Prince, le 13 décembre 1956.

DEUXIÈME COMMUNIQUÉ ANONYME

> *Les Officiers, Sous-Officiers et Soldats de toutes les organisations de l'Armée d'Haïti portent à la connaissance du Peuple Haïtien que le Général de Brigade Antoine Levelt, pleinement imbu de la situation politique du Pays et voulant faciliter la tâche à Son Excellence le Président du Gouvernement provisoire constitutionnel, M. Joseph Nemours Pierre-Louis, a remis sa démission qui a été acceptée. Le Président Pierre-Louis est actuellement le seul chef des Forces Armées haïtiennes.*
> *Fait à Port-au-Prince, le 13 décembre 1956.*

En fait, ces deux communiqués anonymes n'eurent aucune influence sur la décision du Président qui n'agissait sur nul autre motif que son refus de causer des effusions de sang. On ne sait ni de qui, ni comment ceux qui avaient pris l'initiative desdits communiqués avaient obtenu le droit de parler au nom de « toutes les organisations de l'Armée d'Haïti ». Cependant, ils contribuèrent à calmer les esprits et à mettre un frein, du moins provisoirement, à la fureur des candidats, le sénateur avec sa grève, le professeur avec son rouleau, et le docteur, avec ses bombes.

Le colonel Pierre Haspil fut chargé d'accompagner les Magloire à l'aéroport au moment venu. Dans l'après-midi du 13 décembre 1956, Paul Eugène Magloire s'embarqua avec sa famille dans un avion militaire haïtien vers la Jamaïque, après une vie politique de dix ans, sans une seule goutte de sang sur les mains. Ils devront passer 30 longues années d'exil, séparés de leur pays au loin.

MON PAYS AU LOIN

Poème de Nancy Turnier-Férère

Je te cherche partout où mes yeux s'évadent,
Partout où la nature est belle, où elle parade.
Combien faible est mon âme inapaisée, cloîtrée,
Quand tristement je te chante des mélopées.
Je ne veux donc pas mourir avant de te dire
Encore chèrement, je t'aime, je t'aime à ravir.

Ô mon pays au loin.

Dans mes pensées, malgré cette claire lumière
Que nous accordent tes brillantes nuits stellaires
Et tes somptueux beaux jours si souvent revenus,
Pourquoi suis-je donc comme une enfant perdue ?
Suis-je comme un oiseau sans ailes et sans air ?
Je ne fais que prier pour toi, car tu m'es cher.

Ô mon pays au loin.

Imagine bien une femme aveugle, pour elle
Tout est beau, elle improvise un horizon réel,
Elle se précipite pour mieux jouir de ce bonheur.
Quel plaisir que de palper, d'effleurer ta chaleur.
Pour mieux respirer les fruits de ta moisson,
Elle éparpille des semences et claque son 'ason'.

Ô mon pays au loin.

De ta beauté nonpareille ne me reste que l'image.
Mes désirs, mes souhaits ne sont que des mirages.
Dans ce labyrinthe infini, virevoltant et abominable,
Maintes fois j'y pense, serai-je à jamais capable
Sous mes pieds nus fouler ton sol victorieusement
Et enfin embrasser ton bicolore affectueusement ?

Ô mon pays au loin !

Chants de Rêves Cris d'Espoir

TÉMOIGNAGES DE PERSONNES QUI ONT CONNU LE PRÉSIDENT, L'OFFICIER, ET L'HOMME

Le Président Paul Eugène Magloire en 1954

Pendant la crise de décembre 1956, comme je l'ai déjà mentionné, étant un sympathisant du Président Magloire, j'avais sollicité mon transfert en service temporaire des Garde-Côtes aux Casernes Dessalines pour être à l'avant-garde de sa défense. C'est une décision que je ne regrette pas et que, aujourd'hui, plus de soixante ans plus tard, je prendrais encore sans hésitation. Je me range du côté de ceux qui lui rendent un hommage bien mérité, et appellent sa présidence *l'âge d'or d'Haïti*. Il me plaît de citer quelques extraits de témoignages tirés de *La République était belle sous l'empire*, compilation éditée par Henri J. Piquion et Jean L. Prophète, contenant les contributions de plusieurs compatriotes dont l'honnêteté et le patriotisme sont incontestables:

> *Son comportement au pouvoir aura été celui d'un chef éclairé qui dirige avec modération et équité et dont la gestion des choses publiques s'effectue dans un esprit de justice et de respect des institutions, tout en professant une parfaite connaissance des gens et des besoins de ce pays. Son départ du pouvoir est marqué au coin de la raison la plus saine, la plus profondément humaine. Car, fort des valeurs humanistes qu'il a toujours cultivées, le président a préféré sans hésitation, l'abandon du pouvoir à toute effusion de sang et aux atrocités innommables que va connaître le pays.*

(Albert Chassagne : 18).

> *La chute de Paul Magloire représente la fin d'une époque, la fin de la période la plus productive et la plus innovatrice du XXème siècle. Jamais auparavant les Haïtiens n'avaient connu de meilleures conditions d'existence, profité d'un niveau de vie aussi élevé, ni autant joui de leur liberté et de leurs droits civiques. Cette décennie*

de prospérité, de modernisation et de progrès restera l'une des plus heureuses de l'Histoire du Peuple haïtien.
(Charles Dupuy : 38).

Il convient de reconnaître à Paul Magloire l'insigne mérite d'avoir représenté pour la société haïtienne un modèle exemplaire de patriotisme sans esprit de caste et sans préjugés. Ce qui a incité au travail et a ouvert ainsi le pays à un climat de paix, de sécurité et même de convivialité indispensable à sa marche ascensionnelle. En tant qu' ancien officier des Forces Armées d'Haïti, je me fais le devoir de rendre ici, au grand frère d'armes, les hommages qui lui sont dus.
(Jean Gateau : 57).

On le disait homme de bon cœur. Le séisme macoute succédant à son pouvoir fort mais humain allait renforcer cette idée dans les esprits qui ne manquaient pas de comparer les ruisseaux de sang que les Duvalier ne cessaient de répandre au règne d'un Magloire tonitruant mais infligeant peu de peine selon la formule 'gran van ti lapli' de chez nous.
(Max Manigat : 63).

Paul E. Magloire a témoigné durant ses années à la présidence de la République d'Haïti du respect absolu qu'il portait envers l'État et l'une de ses institutions les plus représentatives d'une démocratie, le système judiciaire. Car il a fait sienne cette parole d'Henri Lacordaire : 'La liberté n'est possible que dans un pays où le droit l'emporte sur les passions'.
(Dr. Joseph B. Mathieu : 70).

> *Sous le gouvernement de Paul Magloire, le tourisme, la peinture, l'artisanat étaient devenus des industries qu'il a fallu gérer en tant que telles, mais aussi dont les retombées ont été distribuées dans toutes les couches de la société. Jamais le prestige du pays n'a été aussi élevé sur la scène internationale que pendant la décennie 1946-1956.*
> (Henri J. Piquion : 90).

> *Pendant les six ans qu'il a duré, son gouvernement s'est illustré dans tous les domaines de la vie nationale : éducation, culture, économie, santé, justice, histoire-mémoire, compassion, droits des femmes, tolérance dont l'autre nom est démocratie, électricité, routes, ponts, urbanisme, agriculture et une diplomatie qui a amené le pays à occuper plus de place que ne justifient sa taille, ses capacités militaires et son PIB.*
> (Henri J. Piquion et Jean Prophète : 107).

À ces témoignages, j'aimerais ajouter celui du journaliste connu lui aussi de tous, pour son honnêteté, son courage et son patriotisme, M. Albert A. Occénad, auteur de *Du Sang, de l'or et des galons* :

> *Il (Magloire) préféra s'en aller après avoir remis le pouvoir au Président du Tribunal de Cassaion, Me. Nemours Pierre-Louis et s'embarqua tranquillement pour la Jamaïque, refusant de faire verser du sang, rien que pour rester au pouvoir. Comparé à Duvalier qui devait lui succéder par la suite, Magloire était un enfant de cœur en surplis blanc et encensoir doré.*
> (Occénad : 51-52).

GRANDEUR ET DÉCADENCE DE L'ARMÉE

On était loin de prévoir la conduite ignoble de la minorité qui allait prendre les rênes de l'Armée d'Haïti après Magloire. L'Histoire a déjà prouvé qu'avant sa dégradation totale par Duvalier, bon nombre d'anciens, en incluant les généraux Magloire et Cantave, n'ont jamais eu le comportement reproché à leurs successeurs de l'ère duvaliérienne en commençant par l'infâme général Antonio Th. Kébreau. S'agissant du général Magloire en particulier, l'ex-lieutenant Maurepas Auguste qui le critique souvent avec beaucoup de sévérité et qui a fait de son ouvrage *Genèse d'une République héréditaire* un véritable réquisitoire contre son ancien chef lui reconnaît des qualités qui disparaîtront dans l'Armée de Kébreau et des Duvalier:

> *Néanmoins, M. Magloire professait un certain libéralisme. Il ne pouvait ignorer que certains officiers lui étaient hostiles... Personne n'a jamais été inquiété pour des idées ou des opinions qui, sous le règne de M. Duvalier, ont conduit des centaines de militaires et de civils à la tombe.*
> (Auguste 1974, p. 63).

De son côté, le colonel Pressoir Pierre qui se dit « duvaliériste numéro un de l'Armée » (Pierre 1987 : 53), et qui n'a guère de mots aimables pour ses camarades de promotion se découvre cependant devant les aînés:

> *Tandis que, jeunes officiers, nous critiquions les aînés (les Fils-Aimé, Saint-Victor, Cham, Dupuy, Lafontant, Bayard, Ducheine, Mont-Rosier, etc.) que nous qualifiions péjorativement de gros ventres, les faits sont venus prouver que nous étions dans la plus profonde erreur et que ces officiers nous dépassaient de mille coudées. En aucun*

cas, ils n'auraient accepté que le Pays soit livré à des voyous, à des gangsters et permis à un criminel de l'engeance de Duvalier de régner sur Haïti pendant quatorze ans.
(Pierre 1987, p. 185).

En ce qui concerne le général Antonio Th. Kébreau, un officier qui le connaissait bien et qui le voyait chaque jour m'a affirmé que c'était un homme malade qui, devant se reposer souvent pendant des heures, laissait faire son âme damnée, le capitaine Pressoir Pierre en qui il avait, pour son malheur et celui du Pays, une confiance aveugle. En effet, comme on peut le voir en lisant l'ouvrage de Pierre, bon nombre de forfaits dont a été accusé le général Kébreau, ont été en fait l'œuvre du capitaine Pierre et ceci d'après ses propres aveux.

Dans son ouvrage, Pierre proclame la faillite de ses camarades de promotion, mais quand il s'agit de lui-même, il ne s'adresse que des compliments, malgré sa culpabilité flagrante qu'il expose avec une impudence qui donne la nausée. Puisque le poisson pourrit par la tête, il accuse en premier lieu ceux qui occupèrent des postes clefs :

> *Cet État-Major est d'autant plus coupable que tous les chefs de l'Armée appartenaient à la même promotion: Pierre Merceron, Paul Laraque, Marcel Colon, Gérard Constant, Harry Neptune respectivement Chef d'État-Major Général, Assistant Chef d'État-Major Général, Chef du Service de l'Intendance, Inspecteur Général et Assistant Chef d'État-Major G-2; Jean-René Boucicaut, Commandant du Département Militaire du Palais National, Daniel Beauvoir, Chef de la Police de Port-au-Prince, et Albert Poitevien, Commandant des Garde-Côtes.*

(Pierre 1987 : 185-186).

Trois des officiers ci-dessus nommés arrivèrent à être Chefs d'État-Major: Pierre Merceron de 1958 à 1961, Jean-René Boucicaut de 1961 à 1962, et Gérard Constant. Celui-ci occupa le poste avec un dévouement servile à François Duvalier pendant neuf ans, de 1962 à 1971, l'époque la plus violente de l'Hitlérisme duvaliérien. Pierre Merceron, zélateur fanatique, fut en plus de sa triste carrière dans l'Armée, le dernier Ministre de la Défense de Jean-Claude Duvalier. Quant à Jean-René Boucicaut, il tomba en disgrâce, se réfugia dans une ambassade tandis qu'il était Chef d'Etat-Major et partit en exil.

À la liste précédente des membres de la promotion de Pierre, il ne faut pas manquer d'ajouter d'autres officiers duvaliéristes zélés, comme par exemple, Jacques Laroche, l'homme qui eut à déclarer en plein tribunal que la Déclaration des Droits de l'Homme n'était qu'un « vœu » (sic); Roger Tribié, Commandant de Fort-Dimanche et des Casernes Dessalines; André Fareau, Officier Exécutif au Grand Quartier-Général, vaniteux auteur de la Loi Électorale de 1957. D'un autre côté, n'oublions pas que Philippe Dominique, Alix Pasquet et Henri Perpignand qui sacrifièrent héroïquement leurs vies le 29 juillet 1958, faisaient aussi partie des promotions 1941 et 1942. La vérité est que, en consultant la liste des gradués de ces deux promotions, on constate que les officiers honorables étaient en majorité.

À partir de 1957, on verra que François Duvalier, avec l'aide de sa camarilla d'officiers de mauvais acabit de toutes les promotions, procédera à l'élimination des indépendants et créera sa propre bande criminelle dénommée « Forces Armées d'Haïti », de sinistre mémoire. Tandis que les bourreaux exécutaient leur ignoble besogne, beaucoup de militaires se laissèrent décapiter sans protester. Tant que je m'en souvienne, je crois que ce fut Anténor Firmin qui eut à dire que le militarisme avait été inventé pour remplacer l'esclavage. Ceci expliquerait-il la docilité avec laquelle tant d'officiers mirent leurs propres têtes sous la guillotine ?

Dû aux limitations du format que je me suis imposé pour cette étude, c'est avec de grands efforts que je résiste au désir d'écrire de plus nombreuses pages pour exposer le honteux palmarès de l'Armée d'Haïti après Magloire et des Forces Armées d'Haïti des Duvalier flanquées de la milice de « tontons macoutes » et de « fillettes Laleau ». Qu'il me soit permis de conclure ce premier chapitre en citant les paroles d'un honorable aîné qui ne prêta jamais son bras aux abus et à la répression:

> *L'Armée des dépravés de Duvalier s'associe des bourreaux de basse extraction, des criminels endurcis et tueurs professionnels, en vue de tyranniser, terroriser, assassiner. Duvalier, exploitant les bas instincts de la plupart des officiers, un grand nombre, selon la clameur publique aurait été recruté parmi les repris de justice, les combles de faveurs extraordinaires et inespérées pour faire d'eux des espions. Des individus formés à l'école du crime montent rapidement en grade jusqu'aux échelons supérieurs de par la seule volonté du Chef suprême, sans autre mérite que celui d'avoir fait montre de l'habileté à s'imbriquer au système.*
> (Armand 1988 : 227-228).

II - GÉNÉRAL LÉON CANTAVE
CHEF D'ÉTAT-MAJOR
14 décembre 1956

Général Léon Cantave

Au début des événements de décembre 1956, le colonel Léon Cantave, suspect de comploter contre le Président Magloire se trouvait aux arrêts. Il avait cependant toujours été bien traité par le Président, camarade de promotion, qui venait tout juste de le nommer Quartier-Maître de l'Armée, poste très convoité à cause des avantages pécuniaires qu'il procure. Le colonel libéré de son arrêt après quelques jours, avant même la chute du gouvernement, crut prudent de prendre asile dans une ambassade pour se protéger d'un Magloire qui n'allait certainement lui faire le moindre mal, et il le savait bien. Il n'en sortit que le 14 décembre, le lendemain du départ du Président pour se rendre, d'après ce que rapporte le colonel Armand (Armand 1988 :39), directement aux Casernes Dessalines, prendre le commandement de l'Armée.

J'étais encore présent aux Casernes ce 14 décembre, et je pus assister à son arrivée bruyante, venu s'y installer comme Chef d'État-Major, avec ses étoiles de général déjà sur les épaules. Notez bien que le siège de ce commandement se trouve en fait au Grand Quartier-Général, non pas aux Casernes. Peu nombreux étaient les officiers qui connaissaient ce nouveau chef catapulté soudainement au sommet de l'Institution. Son ascension était-elle due aux actions récentes de quelques jeunes officiers comploteurs qui l'avaient mis au courant d'un projet de coup encore dans l'œuf ? En effet, raconte Maurepas Auguste, c'est de Léon Cantave que lui, Adrien Blanchet et Claude Raymond avaient fait choix comme participant plus gradé à un soi-disant complot contre le gouvernement. Plus tard, Auguste l'accusera de trahison:

> *Loin de se reposer sur nous, ouvriers de la première heure, qui étions tous mus par les plus nobles sentiments, il a entendu dès les premiers jours se libérer de nous pour avoir les coudées franches et se livrer allègrement aux jeux macabres de la politicaillerie haïtienne. Sans talent, sans imagination, seulement dévoré par l'ambition...*

(Auguste 1974 : 115).

Et ces officiers « mus par les plus nobles sentiments » dont parle Auguste, qui étaient-ils et que valaient-ils? Il ne cite que les lieutenants Adrien Blanchet et Claude Raymond. Je reconnais Blanchet comme officier honnête, mais Raymond, filleul de François Duvalier, ne pouvait être que partisan de son parrain.

Écoutons aussi l'opinion du colonel Armand au sujet de cette promotion, apparemment un 'coup-de-généralat':

> *De l'avis de certains officiers placés pour être bien informés, cette promotion demeure un mystère. Magloiriste de réputation et homme de confiance assigné au poste important de Quartier-Maître de l'Armée, position réservée sous Magloire aux intimes du Président, cet officier ne semblait pas être politiquement qualifié pour remplacer le général Levelt ... De sa cachette, dit-on, après la chute de Magloire, il se rend directement aux Casernes Dessalines pour prendre le commandement du bataillon.*

(Armand 1988 : 39).

À partir du 14 décembre 1956, le général Cantave joua un rôle de premier ordre dans l'établissement et le renversement de tous les gouvernements qui se succédèrent de Pierre-Louis à Fignolé, après le départ du Président Magloire. Quand la solution constitutionnelle réclamée par l'opinion publique fut adoptée, et que le Président du Tribunal de Cassation Joseph Nemours Pierre-Louis prêta serment comme Président de la République, il arrivera que le pouvoir civil représenté par l'Honorable Magistrat sera constamment en butte à toutes sortes d'embûches créées par les ambitieux candidats à la présidence et par Cantave lui-même.

Le colonel Pierre Armand (Armand 1988 : 43) rapporte que moins d'un mois après la chute de Magloire, c'est-à-dire au début de la présidence de Pierre-Louis, Cantave tenta de former une junte militaire mais se heurta à l'opposition du Haut État-Major. Cette première tentative n'ayant pas abouti, on verra plus tard qu'il n'abandonnerait pas cette idée. Entre-temps il s'associa à un groupe d'officiers politiciens : André Fareau, Maurice Flambert, Franck Beauvoir, Daniel Beauvoir, John Beauvoir, Jacques Laroche, Pressoir Pierre, Pierre Holly, Pierre Merceron, Ernst Rey, Edner Nelson, Claude Raymond,

Gérard Constant, Roger Tribié, Octave Cayard, etc., pour ne nommer que ceux-là.

En face de la fraction Cantave, le secteur opposé, celui qui voulait d'une Armée d'Haïti neutre, bien qu'en majorité numérique, il est vrai, mais trop respectueux des règlements pour agir, se trouva entièrement neutralisé. De guerre lasse, certains de ses membres finiront par jouer le tout pour le tout et risqueront un affrontement des plus maladroits d'où ils sortiront vaincus et estropiés. Après tout, dans les conjonctures politiques et sociales de l'époque, une Armée neutre était-elle possible à un moment où le pouvoir et la force résidaient entre les mains d'officiers duvaliéristes ? Cantave jumelliste, duvaliériste ou 'cantaviste', peu importe, était certainement sous l'influence des duvaliéristes de son camp. Voyons la réponse que propose l'ex-lieutenant Franck Laraque dans la Préface du livre de Maurepas Auguste:

> *Mais une armée neutre ne signifiait-elle pas l'élection de Déjoie à la présidence? La stricte neutralité comportait cette probabilité et était interprétée par les noiristes comme une sympathie à la cause de Déjoie. N'était-ce pas là une impasse qui torturait Cantave? Une telle impasse expliquerait partiellement l'ambiguïté du jeu de Cantave qui consistait, selon l'auteur, à « brouiller éternellement les cartes sans qu'on pût déterminer le jeu de qui ».*

(Auguste 1974, Préface par Laraque: 14).

III - PRÉSIDENCE DE JOSEPH N. PIERRE-LOUIS
12 décembre 1956 – 3 février 1957

GÉNÉRAL LÉON CANTAVE, CHEF D'ÉTAT-MAJOR

Président Joseph N. Pierre-Louis

Principaux protagonistes : le Président Joseph Nemours Pierre-Louis, le général Léon Cantave, les sénateurs Charles Fombrun et Émile Saint-Lôt, les juges Jean-Baptiste Cinéas et Franck Sylvain.

Au départ du Président Magloire, les mêmes pressions populaires qui avaient causé la chute de son gouvernement imposèrent l'instauration d'un régime civil sous la présidence du Juge Joseph Nemours Pierre-Louis. Mais si on accorde créance à l'accusation de « brouiller éternellement les cartes » portée par Maurepas Auguste contre Cantave, en y ajoutant ce que le colonel Pierre Armand appelle « la marotte de Cantave », c'est-à-dire la formation d'une junte militaire dont il serait le chef (Armand 1988 : 45), on ne sera pas surpris que le Chef d'État-Major ait fait usage de nombreux stratagèmes, et essayé de profiter de toutes sortes d'opportunités pour saboter le gouvernement Pierre-Louis, aussi bien que les autres qui suivraient. Sous Pierre-Louis, il fut aidé par le légalisme intransigeant du Juge Président, qui au nom de la Constitution, refusait de prendre les mesures et de procéder aux réformes réclamées par l'opinion publique, telle que la poursuite en justice de certains fonctionnaires du gouvernement Magloire, dont l'ancien ministre des Finances Clément Jumelle.

Que de violer la Constitution, Pierre-Louis préfèrera se retirer. Une lettre datée du 2 février 1957, signée des ministres Paul Cassagnol, Max Bolté, Marcel Vaval et Marcel Robin et accusant ouvertement M. Pierre-Louis d'être de connivence avec l'ex-président Magloire procura à Cantave l'occasion d'attaquer le Président. Le 3 février, le Chef d'État-Major dépêcha une délégation composée des officiers Roger Villedrouin, Pierre Armand et Pierre Vertus chez Pierre-Louis, lui réclamer verbalement sa lettre de démission. Le Président leur répondit qu'en effet, la lettre était déjà prête et qu'il la ferait parvenir aussitôt qu'elle serait dactylographiée. Mais il s'était réservé la dernière carte que Cantave ne put brouiller: la lettre fut adressée et expédiée au Président du Sénat Charles Fombrun, pas au Chef d'État-Major qui l'attendait.

La décision du Président de ne pas remettre sa démission à l'Armée probablement contraria Cantave mais ne l'empêcha pas de proposer une junte dont il serait le chef. Pierre Armand rapporte que cette seconde tentative fut également combattue par l'État-Major (Armand 1988 : 46). Cantave eut alors une mauvaise idée qui aboutit à de nouvelles complications: sa convocation au Quartier-Général, le 3 février dans la soirée, d'une réunion des candidats à la présidence qu'il baptisa « conférence politique ». Il leur fit savoir qu'il voulait les consulter sur la solution de la crise créée par la démission du

Président, avant même que celle-ci ne fût annoncée. Ce soir-là, j'étais au Grand Quartier-Général où j'avais accompagné le Commandant des Garde-Côtes, le lieutenant-commandant Robert Bazile. Celui-ci, après avoir terminé sa visite, me permit de m'en aller. Ayant remarqué la présence des candidats dans une salle, je décidai de rester pour essayer, en simple curieux, de suivre leurs débats de mon poste d'observation, au seuil de la porte d'accès de la salle d'où, heureusement, personne ne me demanda de me déplacer. Avaient répondu à la convocation le Dr. François Duvalier, MM. Daniel Fignolé, Clément Jumelle, Julio Jean-Pierre Audain, Alfred Viau et Franck Sylvain. Le sénateur Louis Déjoie s'était abstenu malgré les efforts d'une délégation composée des officiers Roger Villedrouin, Pierre Haspil et Maurepas Auguste envoyée par Cantave chez lui l'inviter. M. Déjoie refusait de s'asseoir à la même table qu'un candidat accusé de délits contre l'État par la clameur publique, M. Clément Jumelle, disait-il, et prônait la mise en vigueur de l'Article 81 de la Constitution pour la succession présidentielle. À un moment de cette réunion, le Dr. Duvalier qui n'avait jusque-là pas ouvert la bouche suggéra, d'une voix difficilement audible, que l'un des candidats fût investi de la présidence provisoire: coup de théâtre bien calculé d'avance sans doute par Néron avec la complicité du renard qui allait en bénéficier. Franck Sylvain, dont les sympathies produvaliéristes n'étaient pas un secret et qui n'avait la moindre chance d'être élu, sauta sur la proie et offrit de « sacrifier (sic) sa candidature à la présidence pour le bien de la nation ». Oui, c'est bien le mot qu'il employa, « sacrifier ». La conférence prit fin sans que ces messieurs eussent pu s'entendre sur une solution, mais non pas sans une autre intervention de François Duvalier. Celui-ci offrait ses bons offices, pour servir d'intermédiaire avec l'Ambassade Américaine et la renseigner sur l'évolution de la situation, car, murmura-t-il : « Je connais bien les Américains, j'ai longtemps travaillé avec eux, je sais comment leur parler ».

LE PAYS AU BORD DE L'ANARCHIE

Durant plusieurs jours le Pays se trouva au bord de l'anarchie, sans gouvernement, le Président Pierre-Louis ayant été forcé par le général Léon Cantave de démissionner. Les Chambres débattaient encore la question de la succession présidentielle, bien qu'il n'y eût rien à débattre puisque, d'après l'Article 81 de la Constitution de 1950 en vigueur, le Juge le plus ancien, l'Honorable Jean-Baptiste Cinéas, devait succéder à Pierre-Louis. Mais alors que les discussions battaient leur plein à l'Assemblée Nationale, et selon ce que rapporte le colonel Pierre Armand, Cantave brouilla encore une fois les cartes en fabriquant une histoire alléguant le soi-disant refus du Juge Cinéas d'accepter la présidence provisoire. Voici le récit qu'en fait Armand :

> *Dans ce tohu-bohu de politiciens matois où le destin de la Nation dépendait de l'issue d'une conférence politique où dominaient les intérêts égoïstes de ces politiciens dévorés d'ambitions, le général croyait de bon ton jouer un rôle tantôt tragique, tantôt comique. C'est ainsi qu'au plus fort de la crise après l'échec de sa Conférence politique, celui-ci arrive au Grand Quartier-Général vers 4:00 P.M., essuyant ses larmes, et annonce au groupe d'officiers en ma présence, qu'il vient d'avoir une entrevue avec le Juge J. B. Cinéas. Il a essayé dit-il, de le convaincre d'accepter la présidence provisoire, et celui-ci refuse catégoriquement, malgré la garantie formelle du soutien de l'Armée. Ce pays, poursuit- il, n'a pas de chance, car c'était la seule façon de le sortir de cette impasse.*

(Armand 1988 : 49).

Ces allégations du général furent péremptoirement démenties par l'Honorable Juge Cinéas, dans sa lettre datée du 11 février 1957 adressée à l'Assemblée, en protestation contre le droit que celle-ci s'était arrogé en ignorant la Constitution et élisant M. Sylvain Président provisoire. Voici le libellé de la lettre :

Port-au-Prince le 11 février 1957

À MM. les Sénateurs et Députés
formant l'Assemblée Nationale,
Palais Législatif.

MM. les Sénateurs, MM. les Députés,

Avec la plus grande sérénité, j'ai suivi les débats auxquels votre Assemblée s'est livrée, à l'encontre des dispositions constitutionnelles. Toute ma vie publique a été consacrée au service de la Patrie. Je n'ai eu d'autres ambitions que celle de lui être utile.
Je me suis toujours rangé du côté du Droit et de la Justice.
Si j'ai accepté à succéder à mon collègue Joseph Nemours Pierre-Louis comme Président Provisoire, c'est parce que la Constitution qui nous régit a voulu qu'il en soit ainsi, et qu'à ce tournant tragique que traverse le Pays j'ai considéré que c'est un devoir civique de ne point me dérober à cette périlleuse mission…

Jean-Baptiste Cinéas

M. Cinéas avait en fait accepté. Les six candidats à la présidence de la conférence politique, MM. Duvalier, Fignolé, Jumelle, Sylvain, Viau, et Audain s'étaient prononcés contre l'Article 81. M. Déjoie était en faveur, ce qui ne manqua pas de faire coller l'étiquette de déjoieiste à l'Honorable Juge Cinéas.

Sénateur Louis Déjoie

Antérieurement, le 5 février 1957, deux jours après la Conférence politique, et deux jours avant l'élection de M. Franck Sylvain, une grève du commerce avait été déclenchée par le sénateur Déjoie. Le général Cantave fit parvenir à ce dernier une lettre menaçante et irrespectueuse, le mettant en garde contre ceux qui, y disait-il, « en ce moment même prennent des dispositions pour passer à la violence contre vos établissements et contre votre personne » (sic), si l'ordre de grève n'était pas révoqué. En face de cet ultimatum, et ne voulant pas exposer ses partisans aux foudres de Jupiter annoncées par Cantave, le sénateur fit cesser la grève.

IV- PRÉSIDENCE DE FRANCK SYLVAIN
7 février – 2 avril 1957

GÉNÉRAL LÉON CANTAVE, CHEF D'ÉTAT-MAJOR

Président Franck Sylvain

Principaux protagonistes : Président Franck Sylvain, général Léon Cantave, colonel Pierre Armand, capitaine André Fareau, capitaine Pressoir Pierre, capitaine Pierre Merceron, lieutenant Michel Conte, lieutenant Fréhel Andral Colon, MM. Fritz Cinéas, Clément Barbot, François Duvalier, Daniel Francis, Temistocles Fuentes, Alphonse Lahens, Eloïs Maître.

Quand M. Franck Sylvain déclara sa candidature à la présidence il n'était guère connu dans le monde politique haïtien, et il n'avait absolument aucune chance d'être élu. Antérieurement, il avait milité comme avocat et journaliste avec son journal *Croisade*. Il avait été Juge d'Instruction au Tribunal Civil de Port-au-Prince, mais au moment de son choix comme Président provisoire par les Chambres, il ne l'était plus.

Aussitôt installé comme Chef d'État, Sylvain se trouva en butte à de nombreuses difficultés, spécialement dans ses rapports avec le général Cantave. Par conséquent, son gouvernement ne dura que 56 jours. Ce fut d'abord l'opposition de Cantave à sa décision de dissoudre les Chambres, et aux poursuites judiciaires contre M. Jumelle. Étrange volte-face, car auparavant, le Chef d'État-Major avait pris position contre Pierre-Louis, lui reprochant son refus d'adopter ces mêmes mesures. Vint ensuite la crise du cabinet que le Président voulait garder, mais dont certains secteurs exigeaient le remplacement.

L'AFFAIRE DES BOMBES DE THOR

Sur tout cela se greffa la découverte d'un complot dénommé incorrectement affaire des bombes soit de Martissant, soit de Bizoton, quand en réalité les engins furent découverts à Thor, une localité se trouvant sur la Route Nationale No. 2, entre Bizoton et Carrefour. D'après le général Cantave, il s'agissait d'une combine ourdie par le candidat François Duvalier avec la complicité du Président Franck Sylvain et l'aide d'un certain boulanger nommé Daniel Francis, dans le but d'attaquer les candidats à la présidence Louis Déjoie, Daniel Fignolé et Clément Jumelle.

Normalement, dans tous les cas de complots ou d'accusations criminelles, la procédure prescrite est de laisser à la police le soin de prendre les mesures nécessaires et de procéder aux investigations. Tel ne fut pas le cas pour cette affaire. Jusqu'à l'explosion de l'engin qui coûta la vie à deux officiers, le Chef de la Police de Port-au-Prince, le colonel Armand, n'en savait rien. Voici le témoignage de son adjudant le lieutenant Maurepas Auguste:

> *Le colonel Pierre Armand en tant que Commandant du Département Militaire de la Police, et moi-même, en tant qu'Adjudant du Département, ne pouvions ignorer un fait aussi grave. La vérité cependant est que l'affaire des bombes ne sera connue de nous qu'après sa découverte, c'est-à-dire en fin d'après-midi, au moment où tout le monde apprenait que les lieutenants Michel Conte et Fréhel Andral Colon avaient été gravement atteints par l'explosion d'une de ces bombes.*
(Auguste 1974 : 169).

En effet la découverte du complot fut annoncée par le Chef d'État-Major et non pas par le Chef de la Police, et les investigations furent confiées au personnel des Casernes Dessalines, pas à la Police. C'est ainsi que ce 1er avril 1957, avant même que le chef de la Police Pierre Armand ne fût au courant, je vis arriver aux Garde-Côtes le lieutenant Michel Conte, officier de service aux Casernes Dessalines qui était venu chercher le sous-lieutenant Fréhel Andral Colon récemment affecté comme ingénieur à la cale de halage, pour qu'ils fussent ensemble investiguer une affaire de dépôt d'explosifs à Thor, dans une maison appartenant à une certaine dame Poulard qui y cohabitait avec un nommé Daniel Francis.

Le lecteur voudra bien me permettre ici une note personnelle au sujet de circonstances qui me tiennent à cœur: Andral Colon ayant comme moi fait ses études en Amérique Latine, on n'avait pas tardé à lier amitié dès son arrivée aux Garde-Côtes. C'est ainsi qu'il crut bon de m'inviter à l'accompagner dans les perquisitions dont Conte et lui étaient chargés. Je ne pressentis aucun danger et vis plutôt une occasion de rompre la monotonie du casernement. Mais je ne pouvais me déplacer sans permission. Je sollicitai celle-ci de l'officier le plus ancien présent à ce moment-là, le lieutenant de vaisseau

Raymond Lafontant. Sa réponse résonne encore dans mes oreilles: « Sa ou pral chèche la, plas ou se isi » (qu'allez-vous chercher là-bas, votre place est ici). Face à ce refus, je me sentis un peu déconcerté, ne sachant pas que Lafontant venait peut-être de me sauver la vie. Conte et Colon partirent remplir leur mission, et peu de temps après nous parvint la terrible nouvelle de l'explosion. Nous devons à Bernard Diederich et Al Burt une des meilleures documentations de cet événement. Voici leur poignante description du moment de l'explosion, tandis que Conte et Colon essayaient de désamorcer un engin:

> C'est aux lieutenants Michel Conte et Fréhel Colon que revient la tâche d'examiner le matériel saisi et de désamorcer les engins explosifs. Sur place se trouve le juge de paix Fournier Fortuné agissant en qualité de suppléant de Duval Duvalier. Ils se tiennent à hauteur d'une table sur laquelle est exposé le matériel saisi. Conte souleva ce qui semble être une boite à cigare. Alors l'explosion retentit. Le juge est projeté dans un angle de la pièce. Conte a les deux bras arrachés et se retrouve aveugle. Son collègue Colon y laisse un bras et un œil... Le premier mourra au bout de quelques jours, suivi peu après de son camarade.

(Diederich et Burt 1986 : 92).

Dans Diederich 1986 : 93 nous lisons :

> On ne manque pas de remarquer que le père du candidat Duvalier fait son apparition sur les lieux de l'explosion au moment même où, couvert de sang, son subordonné le juge Fortuné est évacué. Quelqu'un aurait-il prévenu Duvalier père?

D'après Diederich 2005 :

> *L'Armée identifia les fabricants comme étant ceux qui avaient déjà frappé en décembre 1956 faisant croire que c'était une action de Magloire pour se donner une raison de rester au pouvoir. Il y eut plus d'une soixantaine d'arrestations. L'Armée offrit une récompense de mille dollars pour l'arrestation de chacun des bombistes en fuite et publia leurs photos en pleine page des journaux. Il s'agissait de Clément Barbot, Charles Lahens, Fritz Cinéas, Temistocles Fuentes Rivera que l'on voyait posant pour une prise de photo.*

(Diederich 2005 : 48).
Note de l'auteur : 1. Il s'agit plutôt d'Alphonse Lahens, pas Charles Lahens ; 2. Il ne faut pas confondre ce nommé Fritz Cinéas avec l'Honorable Juge en Cassation Jean-Baptiste Cinéas.

Le général Cantave accusa ouvertement le Président Sylvain d'être le complice du candidat Duvalier. Les victimes visées, MM. Déjoie, Fignolé et Jumelle ne manquèrent pas de surenchérir, chacun à sa manière. M. Déjoie, hier encore sous l'épée de Damoclès du Chef d'État-Major, se rangea du côté de ce dernier et fit paraître un communiqué dans lequel il déclara que les criminels étaient « sortis des rangs des candidats à la présidence impliqués dans ce vaste et crapuleux complot ». Il déclara une grève du commerce qui eut la bénédiction de Cantave. Il y a lieu de se demander quel était le but de cette grève. Elle porta le journaliste Etienne Charlier à dire: « Le général Cantave a lancé sa bombe Francis pour obtenir sa grève Déjoie ». En effet, elle faisait bien l'affaire de Cantave. À part les lieutenants Conte et Colon, les deux innocents qui perdirent la vie, on verra que la seule autre personne à payer les conséquences du complot sera le Président Sylvain.

Notez que le complot à peine découvert, deux officiers duvaliéristes, les capitaines Pressoir Pierre et Pierre Merceron, trahissant leur devoir, s'étaient hâtés de démontrer que leur fidélité à leur candidat avait préséance sur la vie et la sécurité des citoyens. Voyons le récit plein de complaisance malsaine fait par Pressoir Pierre lui-même:

> *Dans l'après-midi, tandis que je me reposais dans mon bureau au Palais National, (18ème Compagnie), je fus réveillé par un vacarme, un va-et-vient d'enrôlés qui couraient dans tous les sens. Mon ordonnance m'apprit qu'on venait d'arrêter un dangereux terroriste subissant un interrogatoire dans le bureau de l'Adjudant du Département. Je traversai en toute hâte aux Casernes où je trouvai Pierre Merceron qui me fit cette confidence: Vers trois heures de l'après-midi, le général Cantave m'ordonna d'accompagner le capitaine Victor Blanchet Fils, sous les ordres duquel se trouvait un détachement, aux fins de nous rendre dans une maison située à Thor où était entreposée une cargaison de bombes, avec instructions de procéder à l'arrestation de toute personne rencontrée sur les lieux...Va chez Doc afin de savoir à quoi nous en tenir".*

(Pierre 1987 : 52).

C'était donc à leur « Doc » que les capitaines Pressoir Pierre et Pierre Merceron devaient d'abord obéissance, pas à leur chef hiérarchique, et c'est celui-là qu'ils devaient protéger, pas le reste de la population, car c'est bien à lui qu'ils devaient s'adresser pour « savoir à quoi s'en tenir ». Entretemps, la clameur publique réclamait une enquête.

EN QUÊTE D'UNE ENQUÊTE

Une commission d'enquête composée uniquement de militaires fut formée par le Chef d'État-Major dans le but d'investiguer cette grave affaire. Le capitaine Pierre se fit nommer membre de cette commission pour, de son propre aveu, être utile à son candidat. Il fit parvenir d'avance à M. Duvalier les questions qui allaient lui être posées, ce qui valut à celui-ci, après son interrogatoire, le commentaire suivant du capitaine André Fareau, autre membre de la commission : « Doc n'est pas sérieux, il nous a laissé l'impression d'une leçon apprise par cœur ». Le rôle de Pierre ne s'arrêta pas là, car il lui fallait absolument servir son candidat jusqu'au bout. Ainsi donc:

> *Les minutes de la Commission d'Enquête - du moins les conclusions (opinions et recommandations) - une fois dactylographiées, étaient en possession du docteur Duvalier avant même d'avoir été remises à l'Autorité qui avait convoqué ladite Commission, et cela par mes soins.*
> (Pierre 1987 : 59).

Tous les suspects dans cette affaire étaient publiquement connus comme des partisans du candidat Duvalier qui, cependant, déclara qu'il ne les connaissait pas. La commission ne put les interroger car ils avaient disparu. François Duvalier crut bon devoir offrir ses propres explications. C'est ainsi qu'accompagné du Président Sylvain, il se rendit à Radio Port-au-Prince, propriété du duvaliériste Antoine Rodolphe Hérard, barboter des phrases incongrues, dans un scénario quasi-comique pendant lequel, la voix tremblotante, presque sanglotant, implorant son peuple de croire que lui, humble médecin de campagne qui a dévoué toute sa vie à le servir, est incapable de commettre des actes criminels.

Comme on devait s'y attendre, la Commission, tout en recommandant que l'affaire fût soumise au Parquet en ce qui concernait certains accusés exonéra le candidat Duvalier. Plusieurs questions restent encore sans réponses jusqu'à nos jours, puisque cet incident qui a coûté la vie à deux braves officiers n'a jamais été honnêtement investigué : y avait-il eu vraiment un complot Sylvain-Duvalier, ou s'agissait-il seulement d'assassins duvaliéristes à la solde du candidat? Cantave avait-il faussement associé Sylvain au complot pour se défaire de lui et tenter une nouvelle fois de former sa junte? Aujourd'hui, après les vingt-neuf ans de dictature au cours desquels les Duvalier, père et fils, n'ont reculé devant aucun crime pour atteindre leurs objectifs, il n'y a encore aucune preuve de la culpabilité du Président Sylvain, citoyen qui jouissait de la réputation d'un honnête homme. Quant à la participation de trois des présumés complices, MM. Cinéas, Fuentes et Francis, le passage suivant de l'ouvrage de Maurepas Auguste mérite d'être retenu :

> *J'ai eu à Mexico à recevoir des confidences de deux personnes impliquées dans la ténébreuse affaire: MM. Fritz Cinéas et Temistocles Fuentes. Ni l'un, ni l'autre n'ont nié leur participation ou au moins leurs rapports avec Daniel Francis. Ce repris de justice travaillait certainement pour M. Duvalier.*
> (Auguste 1974 : 175).

Il y a aussi les attestations du capitaine Pierre qui raconte sa conversation avec le Dr. Duvalier, le même 1er avril 1957, avant l'explosion, chez les dames Constant, sœurs du futur général Gérard Constant, à la rue Capois, où sur l'invitation de Duvalier, Pierre s'était rendu le même jour avec le capitaine Merceron. Au cours de la conversation, Duvalier annonce ce qu'il va faire :

> *... nous nous rendîmes à cette nouvelle destination ou nous eûmes le bonheur de trouver le candidat Duvalier en compagnie de Clément Barbot, Éloïs Maître, d'autres individus dont les noms ne me reviennent pas à la mémoire. Il nous dit ceci : j'ai décidé cette nuit de faire attaquer à l'aide d'explosifs, le quartier-général des candidats Déjoie, Jumelle et Fignolé...*
> (Pierre 1987 : 51).

C'est vraiment écœurant et une insulte à sa propre dignité, qu'en 1987, date de la parution de son ouvrage, malgré les vingt-neuf ans de crimes, M. Pierre ait le toupet d'appeler « bonheur » sa rencontre avec Duvalier.

RENVERSEMENT DE SYLVAIN PAR CANTAVE
2 avril 1957

L'épilogue de l'affaire des bombes fut le renversement de Sylvain que recherchait le Chef d'État-Major. Ce fut dans les conditions les plus humiliantes que le Président Sylvain et sa famille se trouvèrent prisonniers au Palais, privés du confort le plus élémentaire. Quand les officiers de Cantave arriveront pour le conduire en détention dans une des trois petites maisons Magloire dites « trois bébés », à Turgeau, ils trouveront un Président prostré qui n'avait même pas un stylo pour signer la lettre de démission déjà rédigée par Cantave.

La lettre de démission du Président en main, arriva le moment pour le général de lancer un nouveau ballon junte, idée aussitôt rejetée par l'État-Major. Ce ne fut cependant pas sa dernière tentative, car immédiatement après cet échec, il allait continuer à essayer.

*La force et la faiblesse d'une dictature
est d'avoir fait un pacte avec le désespoir des peuples.*

Georges Bernanos

V - CONSEIL EXÉCUTIF DE GOUVERNEMENT
6 avril – 25 mai 1957

GÉNÉRAL LÉON CANTAVE, CHEF D'ÉTAT-MAJOR

Toujours obstiné par sa marotte d'être président d'une junte, le général Cantave, malgré son récent échec, tenta d'en introniser une autre au cours d'une convocation des candidats à la présidence au théâtre des Casernes Dessalines. Elle devait être composée de lui-même, du colonel Roger Villedrouin et du major Pierre Vertus. Ce dernier n'ayant pas accepté, il fut remplacé par le colonel Pierre Haspil. Le Chef d'État-Major passa l'ordre à tous les officiers des environs de Port-au-Prince non retenus par le service d'assister à cette réunion, probablement pour avoir salle comble et, par ainsi, intimider les candidats. En effet, comme il l'avait certes souhaité, le théâtre regorgeait de tout le personnel militaire de la région, y compris votre humble serviteur. Le général devait quand même savoir que la plupart de nous étions là, dû soit à l'ordre reçu, soit par curiosité, soit pour profiter de l'occasion de briser la monotonie du casernement, non pas parce qu'on soutenait sa cause.

Quand les candidats arrivèrent, les trois protagonistes, Cantave, Villedrouin, Haspil, étaient déjà perchés sur les tréteaux. Cette scène inspira la fameuse boutade de Daniel Fignolé: « Messieurs les officiers sont en train de jouer au théâtre dans un théâtre ». Le sénateur Déjoie déclara son opposition à tout gouvernement militaire ; le professeur Fignolé exprima sa préférence pour une junte civilo-militaire. La junte Cantave était mort-née, ou mieux, ne naquit pas, malgré l'agrément de Duvalier qui, sachant que Cantave le tenait en respect à cause de l'affaire des bombes, essayait de s'attirer ses bonnes grâces. Le Pays continua à la dérive sans gouvernement, situation qui devait durer encore plusieurs jours.

Après l'opéra-bouffe des Casernes, le Chef d'État-Major demanda à MM. Louis Déjoie et Daniel Fignolé de former un gouvernement. De qui tenait-il ce droit, et à quel titre ces messieurs étaient-ils appelés à le faire ? Pourquoi Cantave aurait-il décidé de ne pas inclure Duvalier, le seul à approuver sa dernière junte ? Peu importe : pas de Sénat, pas de Chambre, c'était le règne de l'arbitraire. Les candidats, chacun voulant tirer son épingle du jeu, avalisaient ses actions pour s'attirer ses faveurs. Le sénateur Déjoie et le professeur Fignolé, face à la requête du général et flairant un piège, décidèrent d'associer leurs homologues au projet, c'est-à-dire François Duvalier malgré l'affaire des bombes, et quatre autres aspirants peu connus, MM. Auguste Fauché, Julio Jean-Pierre Audain, Métrius Bonaventure et René Salomon, mais pas M. Clément Jumelle. Ils se réunirent en conférence politique et de leurs délibérations émergea le pieuvre à treize tentacules dénommé « Conseil Exécutif de Gouvernement » que Cantave accepta volontiers. Chaque tentacule fut affublé d'un ministère. MM. Déjoie, Duvalier et Fignolé saisirent la part du lion avec les cabinets les plus importants, mais les nouveaux venus, MM. Bonaventure et Fauché obtinrent quand même leurs miettes du butin ministériel. Cantave ne tarda pas à entretenir avec le Conseil des relations plus hostiles que celles qui avaient existées entre lui et le Président Sylvain, et qui allaient faire connaître au Pays de très mauvais moments.

SCHISME AU CONSEIL

Des désaccords se manifestèrent au sein du groupe qui se convertirent en schisme. En fait, ce Conseil, vu les circonstances mêmes de sa création, n'était qu'un amalgame hétérogène d'individus qui représentaient les intérêts personnels des candidats qui les avaient nommés. C'est ainsi que, quand la majorité des membres refusa d'agréer le choix du duvaliériste

Edmond Pierre-Paul comme Commissaire du Gouvernement, lui préférant le déjoieiste Ernest Sabalat, ce fut assez pour que M. Duvalier ordonnât le retrait de ses ministres. À cette occasion, il publia le communiqué suivant :

Communiqué du Dr. Duvalier, candidat à la présidence

> Le candidat, après avoir rappelé que selon la Charte du Conseil, les Secrétaires d'État seront désignés par les candidats à la présidence qui ont pris part aux travaux de la Conférence, conclut :
> Par conséquent, nulle part dans la Charte, il n'est prévu que les Secrétaires d'État membres du Conseil Exécutif sont habiles à remplacer d'autres Secrétaires d'État comme eux Membres du susdit Conseil. Ainsi seul le Dr. François Duvalier a qualité pour désigner les titulaires des portefeuilles ministériels qui lui sont attribués.
> Le Dr. François Duvalier rappelle que la forme collégiale de gouvernement a été adoptée précisément dans le but d'offrir aux candidats à la Présidence un moyen personnel de contrôle des affaires de l'État par la présence de leurs représentants au sein du Conseil Exécutif de Gouvernement, en tant que Membres de ce Conseil. Aucun candidat, par la seule présence de ses représentants au Conseil ne peut prétendre pouvoir offrir des garanties suffisantes et acceptables à un autre candidat qui n'y est représenté. Le Conseil Exécutif de Gouvernement n'est investi de la puissance Exécutive que tant qu'il garde la composition prévue à l'Article 2 de la Charte sus-citée.
> Toute violation des dispositions de cet

Article, quant à la composition du Conseil, détruit la base même du régime collégial et entraine ipso facto la dissolution du Conseil Exécutif de Gouvernement.

En conséquence, tous les actes généralement quelconques, pris à partir du 22 avril 1957, date à laquelle trois Secrétaires d'État se sont retirés du Conseil, sont nuls et de nul effet. Ainsi, toutes les nominations, notamment celles faites au Tribunal Civil, au Parquet et à la Cour d'Appel de Port-au-Prince sont et demeurent nulles et de nul effet.

François Duvalier
Candidat à la Présidence de la République.

La crise évolua durant plusieurs jours sans intervention directe de la part du Chef d'État-Major, pendant qu'elle se limitait à une guerre de communiqués entre le Conseil réduit à dix membres et le bureau politique de Duvalier qui contestait sa validité sans la participation de ses trois mandataires. Que se passait-il donc dans l'Armée qui la rendait brusquement muette? Le général Cantave, peut-être abruti par les échecs de ses tentatives de junte, s'était-il résigné à écouter la voix de conseillers modérés? Était-il sincère quand il suivit la suggestion du colonel Armand et adressa aux Juges en Cassation la lettre suivante leur demandant de se prononcer sur le litige, tout en s'engageant à déterminer « la position de la force publique » sur la décision des magistrats ?

Le 1er mai 1957

Honorables Magistrats,

Devant la crise existant au Conseil Exécutif de Gouvernement du fait du litige qui oppose les ministres représentant le candidat François Duvalier à ceux désignés par les autres candidats signataires de la Charte dudit Conseil, l'Armée d'Haïti a pensé qu'elle devrait se garder de poser aucun acte susceptible d'être interprété comme une prise de position en faveur de l'une ou de l'autre partie en cause. Soucieuse de se confiner dans son rôle de gardienne de la Cité, l'Armée, dans un esprit de sagesse, a cru de son devoir d'inviter d'abord tous les candidats ayant des représentants au Conseil, ensuite les trois (3) principaux candidats, MM. Daniel Fignolé, Louis Déjoie et François Duvalier à se réunir en vue d'arriver au dénouement de la crise par voie de conciliation, mais jusqu'à cette date, toutes les démarches tentées dans ce sens sont restées sans résultat positif.

Pour sortir le Pays de cette impasse, tout en ayant de son côté le mot du Droit, l'Armée d'Haïti prie les Membres du Tribunal de Cassation de bien vouloir se prononcer sur le conflit et fixer, devant l'opinion nationale et internationale, si les Membres restants du Conseil Exécutif de Gouvernement ont qualité, à l'exclusion de l'autre partie, pour exercer l'autorité exécutive.

En conséquence, toute décision que vous aurez prise déterminera la position de la Force Publique.

Dans l'attente de votre réponse, je vous prie d'agréer, Honorable Magistrats, l'assurance de ma très haute considération.

Léon Cantave
Général de Brigade
Chef d'État-Major de l'Armée d'Haïti

Dans leur réponse au général, les Juges déclarèrent qu'ils n'avaient pas de décision à prendre puisqu'aucun litige ne leur avait été soumis. Cependant ils confirmèrent la légitimité du Conseil Exécutif en affirmant qu'il avait « qualité avec les dix (10) membres restants, formant la majorité, pour exercer la fonction exécutive, et que les membres du Conseil ont cessé d'être les représentants de ceux qui les ont désignés et ne dépendent pas d'eux pour les décisions à prendre qui ne peuvent être l'objet du veto d'aucune personne étrangère au Conseil ». La lettre fut signée par les Juges J.B. Cinéas, Félix Carrié, Yrech Châtelain, Joseph Benoît, Franck Boncy et Eugène Kerby ; les juges Ludovic Magloire et Adrien Douyon ne le firent pas. Les dix membres présents du Conseil étaient MM. Léonce Bernard, Max Bolté, Georges Bretous, Emmanuel Bruny, Stuart Cambronne, Raoul Daguilh, Ernest Danache, Grégoire Eugène, Seymour Lamothe, Weber Michaud. Les absents : MM. Antoine Pierre-Paul, Vilfort Beauvoir et Théodore Nicoleau.

La position des Juges fit enrager François Duvalier, car c'était lui la « personne étrangère au Conseil qui n'avait aucun droit de veto ». D'autre part, elle enhardit les dix membres restants du Conseil. Quant à Cantave, tiendrait-il sa promesse de respecter l'opinion des Magistrats? Les jours qui suivraient apporteraient la réponse à cette question.

Le Conseil amputé des représentants de Duvalier fut accusé par celui-ci d'être l'instrument de Louis Déjoie. Au plus fort de la crise, le docteur Duvalier prononça son infâme discours « ils sont devenus fous », dans lequel il cracha le venin de la discorde sociale, quand il fit allusion au « malheureux prolétaire égaré dans votre alliance », se référant à Daniel Fignolé. Ci-après un extrait de ce discours rempli de haine qui contient la perverse litanie qui l'a rendu mémorable :

> *Ils ont violé la charte qui nous liait à eux. Ils prétendaient obtenir le remplacement d'un de nos ministres avec qui ils ne voulaient collaborer. Ils ont émis la prétention de retenir pour eux l'une des fonctions clef que l'accord commun avait reconnu comme nôtre. Et quand nous avons dénoncé leur mauvaise foi, ils ont refermé la porte sur nous. Ils sont devenus fous. Heureux et se congratulant d'être enfin seuls, entre honnêtes gens, entre gens du monde, entre gens de société, débarrassé de « ruraux » que nous sommes, selon l'acrimonieuse et imprudente expression de Me. Antoine Rigal, ils ont concerté entre eux-mêmes la mise en place de leurs dispositifs d'élimination. Ils sont devenus fous. Ils révoquent et nomment. Ayant accusé Sylvain d'élections officielles, ils préparent au grand jour des élections immorales. Ils sont devenus fous... Ils veulent décider sans nous. Ils sont devenus fous...*
>
> *Notre dernier mot sera : Collégial sans nous est une farce. Vos élections sans nous sont une plaisanterie.*

Le général Cantave n'était pas impartial. Dans les coulisses, il manœuvrait pour faire éclater le Conseil et il ne tarda pas à arborer ses vraies couleurs. L'occasion lui en fut offerte par les duvaliéristes, quand ceux-ci, ayant vu d'un mauvais œil les tumultueuses ovations dont furent l'objet les 10 Ministres au cours du Te Deum du 1er mai 1957 à la Cathédrale de Port-au-Prince, décidèrent de riposter. Quelques jours plus tard, à la fin du Te Deum du 18 mai, des manifestants très agressifs tentèrent d'assaillir les membres du Conseil à l'intérieur de l'église. Les Ministres n'échappèrent que grâce au Corps Diplomatique qui les entoura et leur servit de bouclier. Pendant ce temps-là, le général Cantave présent devant la cathédrale avec son bataillon, se tint bien à distance.

En outre, des actes de brigandage que Cantave faisait annoncer chaque jour à la radio et dont il se réjouissait ouvertement, se multipliaient dans le pays, à Port-au-Prince, au Cap-Haïtien, aux Gonaïves, à Saint-Marc, etc. Des maisons furent incendiées, des routes bloquées. L'Exécutif essaya vainement de prendre des mesures contre les malfaiteurs. Mais que pouvait-il faire sans le support de la force publique? Pendant ce temps, Cantave abondait en excuses auprès du Conseil, lui jurant sa bonne foi et lui confessant l'impuissance de l'Armée à maintenir l'ordre. Pour le prouver, il suggéra que les Ministres se rendent dans l'Artibonite où, selon lui, la situation était devenue intenable.

INCIDENT DE FREYCINEAU
19 mai 1957

Les Ministres Bernard et Bolté acceptèrent la suggestion du général mais lui demandèrent de les accompagner. Ils prirent la route avec lui vers l'Artibonite le 19 mai dans l'après-midi. À Mont-Rouis, ils furent interceptés par le Père Marec, curé de Saint-Marc, qui leur fit savoir qu'un guet-apens visant à leur assassinat, selon lui, les attendait. Malgré cet avertissement, ils continuèrent, mais arrivés à Freycineau, avant Saint-Marc, ils furent confrontés par de violents manifestants barricadés et rebroussèrent chemin. Rétrospectivement, si on accepte l'allégation de tentative d'assassinat, la victime désignée serait le déjoieiste Bolté, et deux circonstances semblent avoir contribué à son échec : premièrement, la présence peut-être inattendue du général Cantave à qui les Ministres avaient demandé de les accompagner; deuxièmement l'action du Père Marec qui vint les prévenir. En ce qui concerne le Ministre fignoliste Bernard, il n'était certainement pas la cible, puisque les manifestants criaient vive Cantave, à bas Déjoie, pas à bas Fignolé. Toutefois, il serait difficile d'inculper le Chef d'État-Major sans investigation dans une affaire d'agression mortelle, quand il ne s'agirait peut-être que d'une manœuvre d'intimidation. Depuis son entrée sur la scène, Cantave n'avait jamais tué personne. Il n'y avait cependant aucun doute qu'il travaillait à renverser le Conseil qui avait déclaré le 15 mai sa détermination à organiser les élections « dussent-ils nous passer sur le corps ». Cantave et son nouvel allié François Duvalier, sachant que des élections libres conduiraient à la victoire du citoyen Déjoie, faisaient tout en leur pouvoir pour les empêcher.

RÉVOCATION DE CANTAVE ET NOMINATION D'ARMAND

Le Conseil, se rendant compte de ce que les élections telles qu'il les préparait pour le 16 juin 1957 étaient impossibles aussi longtemps que le général Cantave contrôlerait l'Armée, décida de le révoquer. Il fit paraître une Proclamation rendant le chef d'État-Major responsable non seulement de l'incident de Freycineau, mais aussi de celui de la Cathédrale, ainsi que d'autres délits. Le Conseil annonça en même temps sa révocation de l'Armée et son remplacement immédiat par le colonel Pierre Armand en publiant la Proclamation suivante :

Peuple haïtien,

Le Conseil Exécutif de Gouvernement conscient de ses responsabilités envers la Nation, s'étant engagé à assurer l'élection d'un Président définitif à la date précise du 16 juin prochain, fait appel à toutes les bonnes volontés de ce Pays pour l'aider dans cette patriotique mission.

Jusqu'à présent, les meilleures dispositions du Conseil se sont heurtées à la résistance obstinée de certaines autorités militaires qualifiées qui, pourtant, au nom de leur serment constitutionnel, étaient dans l'obligation d'avoir une conduite empreinte de la plus haute loyauté : le général Cantave a failli à sa tâche.

C'est hier, au Culte du Souvenir, au Culte du Drapeau, l'emblème qui nous est si cher, en pleine Cathédrale, devant le Corps Diplomatique réuni qu'il fut découvert un complot ourdi contre la vie de tous les membres du Conseil Exécutif de Gouvernement qui n'eurent la vie sauve que grâce à la plus haute compréhension du Corps Diplomatique.

Aujourd'hui encore, c'est grâce au Révérend Père Marec, curé de Saint-Marc, que les Ministres Léonce Bernard et Max Bolté, accompagnés pourtant du Brigadier Général Léon Cantave en mission dans le Département de l'Artibonite n'ont pas été tués. Crime prémédité par des bandits et assez manifestement encouragé.

Ces faits plus haut révélés sont évidemment suffisants pour justifier la décision de mettre fin au service du Brigadier Général Léon Cantave comme Chef d'État-Major de l'Armée d'Haïti.

Peuple haïtien, le Général Léon Cantave est révoqué et ne fait plus partie de l'Armée d'Haïti.

Le commandement de l'Armée d'Haïti est confié au colonel Pierre Armand à qui doivent désormais obéissance officiers, sous-officiers et soldats de l'Armée d'Haïti.

Fait à Port-au-Prince, le 19 mai 1957

Le Conseil avait pris deux décisions inappropriées : 1) il avait bien le droit de relever le général de ses fonctions, mais pas celui de le révoquer sans mise en accusation et jugement; 2) il avait nommé le colonel Pierre Armand, officier distingué qui jouissait d'une réputation immaculée, sans le consulter. Voici, raconte Armand, comment il fut mis au courant de sa nomination :

> *Le lundi 20 mai 1957, vers 9 :00 A.M., le Ministre Raoul Daguilh lisait à la radio les documents relatifs à la révocation du général Cantave et son remplacement par le colonel Armand. À cette étape de la nouvelle conjoncture, j'ignorais totalement ce qui se passait, jusqu'au moment où je reçus la visite inopinée du Secrétaire d'État de l'Intérieur et de la Défense Nationale, M. Bernard, accompagné du Sous-Secrétaire d'État, M. Bolté. Après les salutations d'usage, celui-ci sans même me laisser le temps de desserrer les lèvres pour un bout de conversation amicale, me tend une enveloppe qu'il me demande d'ouvrir parce que, dit-il, c'est important. Je n'avais pas fini de lire que ces messieurs m'apprennent qu'on est en train de radiodiffuser le communiqué, tout en m'indiquant le poste à capter. J'étais pour sûr le dernier à être au courant de cette surprenante nouvelle, alors que Cantave – on m'en fit la confidence à New York – en était informé depuis la veille au soir. Bolté, devenu subitement l'ami du colonel Vertus, alors Commandant des Casernes Dessalines, avait fait part à celui-ci de la décision du Gouvernement.*
>
> *Cette déclaration inconsidérée faite à un officier proche du général a eu pour conséquence de donner le temps à ce dernier de mettre le bataillon sur pied de guerre en prenant toutes les dispositions tactiques.*
> *(Armand 1988 : 101-102).*

Ce 20 mai, le colonel Armand n'accepta pas sa nomination. Sa lettre du même jour explique clairement les motifs de son refus :

Messieurs les Secrétaires d'État,

J'ai l'honneur de vous accuser réception de votre lettre en date de ce jour m'appelant à diriger les destinées de l'Armée d'Haïti en ces heures cruciales que traverse le Pays.

Je suis un soldat qui a mis plus de vingt-cinq années de sa vie au service de la Nation. J'ai toujours compris que l'éthique de ma profession m'interdisait de m'occuper de politique active ; et c'est avec une angoisse bien justifiée que j'ai vu les secteurs politiques se durcir dans des attitudes qui font craindre pour l'avenir.

Je ne voudrais pas que ma nomination au poste de Chef d'État-Major de l'Armée soit le pretexte de luttes fratricides au sein de la seule force armée de la République. Je voudrais éviter cette sisituation à mon Pays, le seul où l'Haïtien est encore heureux de se trouver. Je suis réellement désolé de ne pouvoir répondre présent à la brèche, quand de l'autre côté seront mes frères ceux qui devraient travailler à ce que notre devise « l'Union fait la force » ne soit pas un vain mot. Ne pouvant arrêter le déferlement des partis politiques, je crois être dans l'impossibilité d'accepter quant à présent.

(Armand 1988 : 105).

La crainte de luttes fratricides dont le colonel Armand fait mention dans sa lettre n'était pas sans fondement. En effet, le général Cantave était fort décidé à ne pas s'en aller. Il convoqua le colonel aux Casernes Dessalines. Ce fut, d'après

Armand, pour le menacer, et le sommer d'annoncer officiellement son refus aux microphones déjà installés à cette fin. (Armand 1988 : 103). Le colonel dans son livre raconte l'attitude belliqueuse de certains officiers, particulièrement un certain lieutenant Ramirez qui, selon lui, n'attendaient qu'un mot de leur chef pour l'abattre.

Les journées qui suivirent furent pleines de confusion. On rapporte que certains officiers des Casernes protagonisaient l'établissement d'une junte militaire et le départ de Cantave, mais rejetaient la nomination d'Armand comme Chef d'État-Major.

VALIDITÉ OU ILLÉGALITÉ DE LA RÉVOCATION DE CANTAVE

Comme précédemment mentionné, la radiation du général Cantave du cadre de l'Armée d'Haïti était illégale, mais sa révocation comme Chef d'État-Major ne l'était pas, celle-ci étant une des prérogatives du Commandant en Chef de l'Armée, le Président de la République représenté en la circonstance par le Conseil. Cependant, Il refusa de se soumettre, alléguant l'illégalité de sa révocation comme Chef d'État-Major en invoquant un Arrêté daté du 5 juin 1941 fixant le mandat de ce fonctionnaire à deux années. Il fit publier un Communiqué signé par plusieurs membres de son État-Major déclarant « nulle et de nul effet la mesure prise par le Conseil ». Deux membres de cet État-Major, les colonels Roger Villedrouin et Édwig Mercier refusèrent de signer et se démirent dudit État-Major. Le nom du colonel Pierre Armand figura comme signataire sans son consentement. Ce dernier demanda rectification, ce qui se fit par un avis du Grand Quartier-Général. Par un autre Communiqué, le général Cantave annonça la dissolution du Conseil de Gouvernement.

Le duel Proclamation du Conseil/Communiqué de Cantave continua avec celle du 21 mai, lancée du maquis où les Ministres s'étaient réfugiés. Elle énumérait au moins une dizaine de chefs d'accusation contre Cantave : affaire des bombes, complicité dans le retrait des Ministres de Duvalier, bagarre du 18 mai, attentat de Saint-Marc, conspiration, etc. et terminait par la décision suivante:

> *En conséquence, M. Léon Cantave, Général de Brigade, ancien Chef d'État-Major de l'Armée d''Haïti, en état de rébellion ouverte centre l'autorité exécutive, est déclaré hors la loi.*

Remarquons tout de suite que dans cette nouvelle Proclamation, il est fait mention d'un M. Léon Cantave, « ancien Chef d'État-Major », mais bien « Général de Brigade », non pas ancien général, ni général révoqué. Le Conseil avait-il oublié qu'il avait préalablement proclamé que « le général Léon Cantave est révoqué et ne fait plus partie de l'Armée d'Haïti » ? S'était-il ravisé au sujet de cette décision?

En tout état de cause, pour la première fois depuis son entrée en scène en décembre 1956, Léon Cantave se trouvait en face d'adversaires de taille qui lui tenaient tête, sur qui il ne pouvait mettre physiquement la main, vu que ses membres s'étaient réfugiés dans le maquis d'où ils continuaient à exercer le pouvoir, et d'un gouvernement jouissant d'un certain support populaire qu'il n'arrivait pas à renverser.

VI - DEUX CHEFS D'ÉTAT-MAJOR
À LA TÊTE DE L'ARMÉE

PRÉLUDES DE L'AFFRONTEMENT DU 25 MAI 1957

Colonel Pierre Armand   *Général Léon Cantave*

Principaux protagonistes : le Conseil Exécutif de Gouvernement, les Juges en Cassation, le général Cantave, le colonel Armand, le lieutenant-commandant Robert Bazile, le capitaine André Fareau, les lieutenants Donatien Dennery, Michel Desrivières et Hans Wolf, le soldat Lespinasse, MM. François Duvalier, Daniel Fignolé et Clément Jumelle.

Nous avons vu que dans sa Proclamation du 19 mai 1957 le Conseil de Gouvernement avait confié le commandement de l'Armée au colonel Pierre Armand sans même le consulter, et que celui-ci apprit la nouvelle tandis qu'on la radiodiffusait tôt le matin du 20 mai, quand les ministres Bernard et Bolté qui venaient d'arriver au Bureau de la Police pour lui remettre la lettre de nomination lui demandèrent de capter le poste de radio du Gouvernement. Bien qu'il eût refusé d'accepter le commandement de l'Armée, le colonel Armand, avec le « quant à présent » de sa lettre, avait quand même laissé la porte entrebâillée. Dans l'intervalle des jours qui suivirent, quelques officiers qui étaient convaincus de la validité de sa nomination, dont Maurepas Auguste, Franck Laraque, Alix Pasquet, Philippe Dominique ne se donnèrent pas pour vaincus. Ils travaillèrent d'arrache-pied pour obtenir l'acceptation du colonel. Dans la soirée du 24 au 25 mai, plusieurs d'entre eux se réunirent à l'Académie Militaire et lui firent savoir qu'ils l'y attendaient pour qu'il vînt prendre leur commandement. Ils lui annoncèrent que les Garde-Côtes, la Police, l'Artillerie, les Pompiers, l'Aviation, le Service des Transmissions, le District de Pétion-Ville, l'Académie Militaire et tous les Départements militaires de province s'étaient rangés à ses côtés. Notez que la Police de Port-au-Prince étant sous le commandement du colonel Armand, il fallait bien l'inclure, mais c'était l'antre par excellence des officiers duvaliéristes. En fait, c'était le poste où il comptait le plus grand nombre d'ennemis.

Convaincu de l'appui du secteur numériquement majoritaire de l'Armée, et ayant reçu la reconfirmation de sa nomination par l'intermédiaire du ministre Daguilh contacté par les officiers Maurepas Auguste et Franck Laraque dans la nuit du 24 au 25 mai, Pierre Armand décida d'accepter. Mais il avait tort de croire que Daguilh, ministre déjoieiste, parlait au nom du Conseil tout entier, car Fignolé qui ne fut pas consulté avait commencé à faire défection, atteint peut-être par le venin de la discorde lancé par Duvalier dans son discours « ils sont devenus fous ». Il est même possible que le professeur Fignolé ait été déjà touché de l'éventualité d'un coup à la Sylvain en sa faveur. Circonstance malheureuse pour ceux de l'Aviation que ce manque d'information qui les poussa vers la confrontation et leur valut l'étiquette de déjoieiste, alors qu'en réalité le sénateur Déjoie, contrairement au Dr. Duvalier, ne s'était jamais soucié de faire du recrutement dans l'Armée. Tout au contraire, il ne cessait de la critiquer et de la menacer de réformes dans ses discours. Mais la malveillance des militaires duvaliéristes, promoteurs des ingérences de l'Armée dans la politique, était telle que toute indépendance était taxée de déjoieisme, quoique pas de fignolisme ni de jumellisme.

Au cours de la préparation des plans par les officiers fidèles à Armand, ils décidèrent d'établir leur base d'opérations au Camp d'Aviation. La nouvelle de l'acceptation du poste par le nouveau Chef d'État-Major serait annoncée le lendemain matin 25 mai par une proclamation lue à la radio, pendant qu'en même temps, des tracts seraient lancés par avion dans la cour des Casernes, demandant à la garnison de reconnaître l'autorité du nouveau Chef d'État-Major, et donnant « toutes les garanties au général Cantave ». Les plans comprenaient aussi l'installation de canons au Champ-de-Mars, « en vue du cérémonial d'usage au moment de la prise de commandement du nouveau Chef de l'Armée ». (Armand 1988 : 127). Mais jamais il ne fut question d'actions belliqueuses.

Pendant la nuit du 24 au 25 mai plusieurs officiers du camp de l'Aviation visitèrent des postes militaires de la zone pour s'assurer de leur support. À cet égard, voici un rapport erroné et biaisé que, sous le titre « L'Ambition insensée de Sonson Pasquet » fait Maurepas Auguste de son inspection aux Garde-Côtes avec Franck Laraque, quand ils montèrent sur le quai d'accostage des bateaux :

> À notre grande surprise, dans la cabine du Commandant de l'un de ces bateaux nous devions observer la présence de Raymond Lafontant, de Daniel Beauvoir, d'un ou de deux autres officiers dont je ne me rappelle pas les noms, et du capitaine Alix Pasquet... Le groupe conversait amicalement sans apparemment trop se préoccuper des

événements dont ils étaient au courant et qui allaient transformer cette journée du 25 mai en une date mémorable. La présence la plus insolite était celle d'Alix Pasquet.
(Auguste 1974 : 265-266).

De ce compte-rendu il faut conclure qu'Auguste n'était pas au courant de la vraie raison de la présence de Beauvoir et Pasquet aux Garde-Côtes. Je suis à même de fournir les clarifications nécessaires : premièrement son affirmation que « le groupe conversait amicalement sans apparemment trop se préoccuper des événements... » est irresponsable. De l'endroit où il était, Auguste ne pouvait rien entendre; deuxièmement, le bateau en question était le *GC-9 Vertières* dont j'étais le capitaine, et à bord duquel je me trouvais à ce moment précis de l'aube du 25 mai; troisièmement, les officiers Pasquet et Beauvoir étaient venus aux Garde-Côtes, non pas pour « converser amicalement », mais bien pour consulter le lieutenant de vaisseau Raymond Lafontant, réputé brillant intellectuel, au sujet de la rédaction de la Proclamation du nouveau Chef d'État-Major Pierre Armand acceptant sa nomination, laquelle ils avaient en mains, et qui allait être lue à la radio. Lafontant, en quête d'un endroit tranquille sans être secret, les avait amenés à la cabine de commandement du *G.C. 9*, où les trois avaient discuté la rédaction du document en ma présence; quatrièmement, il ne pouvait être question d'aucune « présence insolite » de qui que ce soit, et pourquoi faire de ce compte-rendu une diatribe malveillante contre Pasquet qui avait participé la veille, avec lui Auguste, à la réunion de l'Académie Militaire, et qui avait offert de prendre les Casernes avec son détachement de 60 hommes du District de Pétion-Ville ? Ceci n'est pas étonnant, car Maurepas Auguste dans son livre, excellent récit de plusieurs événements dans lesquels il a joué un rôle primordial à côté du colonel Armand, a en maintes fois profité des occasions qui se présentaient pour exprimer ses désaccords avec le capitaine Pasquet, quoique défendant en l'occurrence une seule et même cause tous les deux.

Voici le texte de ladite Proclamation que tout à fait par hasard j'ai eu l'opportunité de voir et d'entendre lire à bord du *G.C. 9 Vertières* par les officiers Alix Pasquet, Daniel Beauvoir et Raymond Lafontant, avant sa diffusion à Radio Commerce plus tard dans la matinée par le lieutenant Gérard Gourgue:

> *Officiers, Sous-Officiers et Soldats,*
>
> *Devant la gravité de la situation qui empire d'heure en heure et le vent d'anarchie qui menace d'engloutir le Pays, ayant compris que l'Armée doit être sauvée et avec elle, la Nation entière, je pense le moment venu d'accepter, comme de fait j'accepte ma nomination au poste de Chef d'État-Major, conformément à la lettre du Conseil Exécutif de Gouvernement en date du 20 mai 1957.*
>
> *Conscient de mes devoirs envers la Nation et des périls qu'elle court actuellement par la faute de ses fils égarés, je ne saurais me dérober à ce privilège de prendre sans retard le commandement des Forces Armées haïtiennes et je sonne le ralliement de tous les militaires autour du Drapeau, orgueil national.*
>
> *Je convoque en conséquence les membres du Haut État-Major à se réunir au Grand Quartier-Général de l'Armée pour recevoir mes instructions aux fins de faire revenir sous notre ciel la paix nécessaire à la stabilité de nos institutions démocratiques et à la réconciliation de la famille haïtienne.*
>
> *Officiers, Sous-Officiers et Soldats de tous les points de la République, je vous ordonne, conformément au serment que vous avez librement prêté de rester fidèles à la Constitution et aux lois de notre*

Pays, de prêter main forte aux décisions qu'auront arrêtées vos chefs hiérarchiques.

L'Armée d'Haïti invite le général Cantave à laisser les Casernes Dessalines et lui donne ainsi qu'aux membres de sa famille la garantie que leurs vies seront protégées.

J'adresse un vibrant appel aux officiers, Sous-Officiers et Soldats qui, malgré eux, se trouvent encore aux Casernes Dessalines et qui pourront être tentés d'exécuter les ordres de leur commandant. Qu'ils sachent que leur place se trouve parmi nous ; sinon ils emporteront le mépris du Peuple Haïtien qui attend de ses militaires la preuve de ces qualités que spontanément il leur a reconnues. Ils ont la garantie qu'aucune menace de représailles ne sera exercée contre leurs personnes. Nous augurons notre commandement sous le signe de la réconciliation de nos frères d'armes.

Pierre Armand
Chef d'État-Major

(Armand 1988 : 129-130).

De leur côté, Cantave et son groupe s'organisaient également aux Casernes Dessalines. Le conflit avec le Conseil de Gouvernement s'aggravait chaque jour davantage. Entretemps, surgit parmi la faune politique une drôle de formule électorale, le choix d'un Président provisoire par les Délégués d'Arrondissements convoqués à cette fin pour le 26 mai, formule que Cantave semblerait avoir endossée. Mais voici que tard dans la soirée du 24, s'amène le capitaine Pressoir Pierre aux Casernes. Il annonce à Cantave qu'il avait appris de Clément Jumelle à qui il venait de rendre visite accompagné du capitaine Lecestre Prosper, « que le clan Déjoie préparait un coup pour le lendemain avec un groupe d'officiers ». (Pierre

1987 : 87). Par conséquent, pas question d'attendre jusqu'au 26. Avec cette nouvelle, la besogne urgente était de barrer la route à Louis Déjoie. Clément Jumelle, jadis exclus pendant près de quatre mois de toutes les délibérations généralement quelconques, y compris la formation du Conseil de Gouvernement, se retrouva brusquement en odeur de sainteté. Pour la première fois depuis la conférence politique au Grand Quartier-Général le 3 février, il va pouvoir participer à une réunion de candidats, cette fois aux Casernes Dessalines. En effet, l'attaque des Casernes par les partisans du colonel Pierre Armand le 25 mai le surprend à l'intérieur de l'établissement militaire avec les candidats François Duvalier et Daniel Fignolé, MM. Edner Day, Lucien Chauvet, René Laforet, Roger Dorsainvil et Émile Saint-Lôt, les Ministres Lamothe, Danache et Bruny, en train de mijoter les plans de l'installation de Daniel Fignolé comme Président Provisoire.

LA GUERRE IMPROVISÉE DU 25 MAI 1957

Comme prévu dans la stratégie du groupe de l'Aviation, la Proclamation annonçant l'acceptation du colonel Armand fut lue à la radio vers neuf heures du matin, en même temps qu'un avion déversait des tracts dans la cour des Casernes. Après ces deux actions, la fraction Armand décida d'attendre la réaction de l'autre camp. Elle crut avoir gain de cause quand s'amena le lieutenant-colonel Pierre Vertus qui était nominalement Commandant des Casernes Dessalines, mais qui n'avait guère d'autorité, car depuis l'arrivée du général Cantave en décembre 1956, ce poste était le domaine de ce dernier. Vertus annonça au colonel Armand qu'il se chargeait de la reddition de Cantave et qu'il allait bientôt conduire son bataillon au Champ-de-Mars, pour rendre les honneurs au nouveau Chef d'État-Major, après quoi il se retira. Certains prétendent qu'il retourna aux Casernes et que Cantave lui en interdit l'accès.

Le fait est qu'il n'y aura pas de reddition, et plus tard, pendant l'attaque des Casernes par les artilleurs d'Armand, Vertus ne sera ni avec celui-ci, ni avec Cantave.

Au lieu de reddition, arriva plutôt la mauvaise nouvelle que, sur le plan politique, la fraction de l'Aviation perdait du terrain. Les tractations des politiciens qui s'étaient joints à Cantave aux Casernes avaient atteint un de leurs buts: l'éclatement du Conseil, grâce à la défection du candidat Fignolé. Ceci voulait dire que le Conseil de Gouvernement n'existait plus, et avec lui avait aussi disparu, ipso facto, la nomination du colonel Armand comme Chef d'État-Major. Ce dernier et ses officiers n'avaient pas prévu un tel développement et ils décidèrent d'attendre calmement avant de réagir dans un sens quelconque. Mais voilà qu'après l'annonce de la défection du candidat Daniel Fignolé, un pilote du Corps d'Aviation en patrouille rapporta qu'il avait vu des tanks sortir de la cour du Palais. Cette nouvelle alarma le camp Armand qui crut que cela signifiait une attaque imminente par Cantave. Pris de panique et sans investiguer davantage le déplacement des tanks, ils se mirent à improviser des plans de défense et de contre-attaque. Parmi ceux-ci, leurs deux actions les plus regrettables: l'ordre donné à l'artillerie du Champ-de-Mars d'ouvrir le feu sur les Casernes, et le lâchage dans la cour de l'édifice, d'une vieille bombe toute rouillée qui, heureusement, n'explosa pas. Hélas, le colonel Armand et ses officiers découvrirent, mais trop tard, qu'il n'avait jamais été question d'attaque avec des tanks par Cantave. Qu'il y ait peut-être eu des manœuvres de tanks à l'intérieur de la cour ou autour du palais pourrait bien avoir été une stratégie psychologique de Cantave qui a bien atteint son but probable : semer la panique à l'Aviation.

Nous avons vu que les canons placés au Champ-de-Mars s'y trouvaient pour le salut traditionnel au nouveau Chef d'État-Major (Armand 1988 : 127). Mais voilà que ce furent ces mêmes canons qui lancèrent des obus. Il serait bon de trouver des réponses à certaines questions : pourquoi avoir des obus de guerre quand il s'agissait de cérémonial ? Qui a donné l'ordre de tirer ? L'ordre ayant été donné, comment expliquer l'absence d'arrière-garde? Pourquoi aggraver la situation après l'échec de la canonnade et la mort des artilleurs en lâchant une bombe sur les Casernes? Une explication serait qu'Armand et ses partisans, pris de « panique » (Armand 1988 : 133), ne savaient quoi faire quand ils ont cru qu'ils allaient être attaqués par des tanks. Quant aux réponses, Maurepas Auguste, adjudant et conseiller proche du colonel ne les fournit pas. Au contraire, lui aussi se trouve en face de dilemmes:

> Sur l'ordre de qui des canons, comme des tanks, des cibles très vulnérables, sans l'accompagnement de l'infanterie, avaient-ils pris position de feu sur une place publique dépourvue de couvert naturel, et avaient-ils tiré?

(Auguste 1974 : 280).

Et Auguste de spéculer :

> La présence des canons sur le Champ-de-Mars demeure encore un mystère pour nous. Qu'ils aient ensuite ouvert le feu sans être couverts par des fantassins implique que celui qui avait ordonné aux artilleurs une action aussi téméraire avait pour mission de saboter l'opération, de provoquer une confusion générale à la faveur de laquelle il mettrait probablement ses propres plans à exécution.

(Auguste 1974 : 272).

Les questions, spéculations et conclusions d'Auguste montrent que des décisions importantes avaient été prises à son insu. Il fallut bien attendre 1988 pour apprendre certaines vérités d'une source sure, du colonel Armand lui-même : 1) il n'y a pas eu, comme le suspecte Auguste, de manœuvres sinistres de « sabotage » par qui que ce soit ; 2) l'ordre de tirer contre les casernes, l'action qu'il appelle « téméraire », avait émané du commandant des opérations, le colonel Armand. Voici les faits exposés par celui-ci :

> Entre autres alternatives on s'arrêta à l'option suivante: ouvrir le feu contre les Casernes de façon à y créer la panique. Je donnai l'ordre à la batterie du Corps d'Artillerie d'ouvrir le feu en direction des Casernes.
> (Armand 1988 : 133).

Remarquez la terminologie employée par le colonel Armand: « ouvrir le feu en direction des Casernes », pas sur les Casernes, ordre ambigu et timide. En écrivant sa phrase en 1988, le colonel a-t-il voulu sous-entendre qu'il n'avait pas donné l'ordre de tirer sur les Casernes directement, mais bien « en direction des Casernes », immense cible se trouvant à moins de 300 mètres qu'aucun artilleur ne pourrait rater? Cet ordre aurait-il été interprété de cette façon par les artilleurs, puisque pendant la canonnade, les obus passaient bien au-dessus du bâtiment, pour aller tomber à plus de deux kilomètres dans la mer ? Contrairement à ce que rapporte le capitaine Pressoir Pierre (Pierre 1987 : 90), il n'y eut pas d'obus à « tomber dans le carré du Chef d'État-Major ». Un officier présent près de Cantave ce 25 mai m'a démenti cette assertion. Quoi qu'on dise, l'action des artilleurs demeure condamnable, car les obus auraient pu atterrir dans la ville ou atteindre des bateaux dans la rade de Port-au-Prince. En effet, aux Garde-Côtes, à un moment, on assista au retour précipité du *GC-1*

Savannah qui avait été envoyé en patrouille dans la baie de Port-au-Prince. Son capitaine, l'enseigne de vaisseau Astrel Suréna, annonçait tout essoufflé qu'on avait tiré sur son navire.

Quant aux occupants des Casernes, ils ne pouvaient s'imaginer qu'il ne s'agissait que de boulets intimidateurs, tandis qu'on était en train de jouer à la roulette russe à leurs oreilles. Une manœuvre défensive fut exécutée par le capitaine André Fareau et un détachement de francs-tireurs : ils parcoururent la ravine Bois-de-Chêne, et arrivés au Champ de Mars, à la portée des artilleurs, ils abattirent les officiers Donatien Dennery, Hans Wolf, Michel Desrivières et l'enrôlé Lespinasse. Deux autres artilleurs, les officiers Agrève Castan et Lucien Lespinasse purent s'échapper et se rendre à l'Aviation annoncer la désastreuse nouvelle. La version répétée jusqu'à aujourd'hui concernant la mort des artilleurs est celle que je viens de raconter. Elle est basée sur les rapports de Fareau et de ses hommes après leur mission. Mais il importe de poser quelques questions: le fait qu'il n'y eut pas de blessés, seulement des morts, était-ce dû au hasard ? Fareau avait-il décidé qu'il n'y aurait pas de prisonnier? Avant son action, a-t-il sommé les artilleurs de se rendre ? Après son action, a-t-il donné l'ordre de laisser crever les officiers qui n'étaient peut-être que blessés ? En plus du capitaine Fareau et ses soldats, y a-t-il eu d'autres personnes à attaquer les artilleurs, à leur donner le coup de grâce, et à dévaliser les cadavres?

La nouvelle de la mort de ces frères d'armes me fut annoncée avec une exubérance maladive par le macabre lieutenant John Beauvoir de la Police de Port-au-Prince qui était venu aux Garde-Côtes à quel but je ne sais. Peu de temps après son arrivée, je me trouvais dans la rue, devant le bâtiment principal de la base connu sous le nom de « casernes », avec le sous-lieutenant de vaisseau Jean-Claude Laporte et quelques marins quand vint à passer un jeune homme dont l'allure nous parut un peu suspecte. Je lui intimai l'ordre de s'arrêter et il se mit à courir ; quelques marins le poursuivirent et me l'amenèrent. Un monsieur qui passait nous signala que le jeune homme avait lancé quelque chose dans les halliers qui bordaient la voie. En effet, quand on chercha dans la direction indiquée, on trouva un pistolet. Je restai tout ébahi, car je venais de reconnaître l'arme règlementaire des officiers de l'Armée vénézuélienne gravée de l'écusson national. Ce pistolet ne pouvait avoir appartenu qu'à l'un des artilleurs, Donatien Dennery ou Hans Wolf, les seuls diplômés haïtiens de l'École Militaire du Venezuela. Le lecteur se souviendra que, comme ces deux officiers, moi aussi j'ai étudié au Venezuela, à l'École Navale et je connaissais bien ce pistolet. Comment cette arme a-t-elle pu se trouver entre les mains du jeune homme si peu de temps après la mort des artilleurs? Les cadavres de ceux-ci auraient-ils été abandonnés de façon que n'importe qui puisse les violer et les dévaliser ?

    Je procédai à la détention du jeune homme qui n'avait guère la binette d'un criminel et le fis conduire au bureau de l'officier du jour par un enrôlé à qui je remis le pistolet. Je ne sais quelle suite fut donnée à cet incident. Cependant, pendant plusieurs jours je m'inquiétais, pensant que peut-être, de ma faute, il aurait été brutalisé, me disant que j'aurais dû limiter mon action à la saisie de l'arme, le questionner, et le laisser partir si d'après moi, il n'avait commis rien de bien grave. Quelques jours plus tard, je me sentis soulagé quand je le vis sain et sauf à la messe à l'église Saint Gérard. Il me reconnut sans doute, mais je ne l'approchai pas, ce que je regrette aujourd'hui, car il m'aurait peut-être avoué comment il était entré en possession du pistolet. Mais pour la paix de ma conscience, le voir vivant me suffisait à ce moment-là.

Revenons aux cadavres des artilleurs abandonnés sur le pavé. Voici ce que m'a récemment raconté quelqu'un qui se trouvait au Champ-de-Mars en voiture avec des amis, après la canonnade. Arrivés à un certain endroit, ils ne purent continuer en voiture et se mirent à marcher. Ils furent alors abordés par l'ex-capitaine de vaisseau Georges Bayard, ancien Commandant des Garde-Côtes, à la recherche de volontaires pour l'aider à enlever les cadavres de la rue, qui leur dit : « M bezwen gason wi pou ede m » (j'ai besoin de l'aide d'hommes braves). Un geste noble qui illustre la valeur de cet honorable ancien officier. Plusieurs jeunes gens le suivirent.

Abordons maintenant la question des troupes de couverture, et voyons ce que nous en dit le colonel Armand :

> Quatre de nos hommes furent tués au cours d'une attaque de dos opérée par un détachement des Casernes Dessalines, parce que l'ordre donné par le colonel Armand au capitaine R. Lafontant d'envoyer un détachement de fusiliers-marins pour servir de couverture aux artilleurs n'a pas été exécuté.

(Armand 1988 : 133).

En essayant de se justifier d'une grave erreur tactique, le colonel Armand inculpe à tort et gravement le « capitaine » Lafontant, dont le grade, d'ailleurs, était plutôt celui de lieutenant de vaisseau. Il attribue la mort de ses hommes uniquement à ce que le "capitaine R. Lafontant n'ait pas « exécuté son ordre ». Rien d'autre ? Officier supérieur, ancien chef de services importants et ancien Commandant du Département Militaire de la Police de Port-au-Prince, le colonel était certainement au courant des règlements de l'Armée. Il n'était donc pas sans savoir que le lieutenant de vaisseau Lafontant, simple officier de service aux Garde-Côtes, n'avait le droit ni de recevoir, ni d'exécuter un tel ordre, cette autorité étant le seul privilège du Commandant des Garde-Côtes. En outre, j'étais présent à ce poste ce jour-là, et je peux affirmer que cet ordre n'a jamais été transmis au Commandant des Garde-Côtes, le lieutenant-commandant Robert Bazile, ce que, d'ailleurs, ce dernier m'a lui-même confirmé quelques années plus tard à Washington.

L'explication du colonel Armand est une preuve de la désorganisation qui existait à l'Aviation. Le colonel eut probablement à passer des instructions à des subalternes qui, dans la confusion du moment, auraient peut-être négligé ou oublié de les transmettre. Et puis, pourquoi envoyer des marins sur le champ de bataille des artilleurs et des fantassins ? Je vous assure, si cette mission m'avait été confiée à moi et mon équipage, les francs-tireurs du capitaine André Fareau nous auraient facilement abattus ou neutralisés.

Je voudrais aussi ajouter ici une remarque relative à la chronologie des événements de ce 25 mai, et des ordres donnés ce jour-là: puisque les canons du Champ-de-Mars étaient censés ne servir que pour le « cérémonial d'usage au moment de la prise de commandement par le nouveau Chef de l'Armée » (Armand 1988 : 127), il ne pourrait avoir été question de troupes de couverture. Ce genre de protection ne s'avèrerait donc nécessaire qu'après la décision subite « d'ouvrir le feu en direction des Casernes », c'est-à-dire après le rapport alarmant de l'aviateur qui était en patrouille et avait annoncé le mouvement de tanks. On a vu que le camp de l'Aviation se trouvait alors au milieu de la « panique », (Armand 1988 : 133) et pensait qu'il allait être attaqué. Cette décision subite n'aurait pas laissé le temps de faire voyager les marins de leur base de Bizoton à plusieurs kilomètres. Pourquoi ne pas avoir alors confié cette tâche au capitaine Pasquet présent là même à l'Aviation, et qui, au cours de la planification à l'Académie Militaire avait offert :

> *... de prendre les Casernes par le flan, avec ses soixante hommes de Pétion-Ville, au cas où cette action deviendrait nécessaire, plan dont il réclamait la responsabilité de l'exécution, ce qui, en réalité, <u>n'était que pure fanfaronnade</u>.*
> (C'est moi qui souligne).
> (Armand 1988 : 127).

« Pure fanfaronnade » ? Maurepas Auguste, avant Armand, avait employé la même terminologie pour qualifier l'offre de Pasquet. Pasquet a prouvé le 29 juillet 1958 qu'il n'était guère un fanfaron, quand lui, Philippe Dominique, Henri Perpignand, et trois mercenaires prirent les Casernes et tinrent des centaines d'assaillants en échec pendant des heures. Avec Pasquet à l'arrière-garde pendant la canonnade, les hommes de Fareau n'auraient pas pu avoir la tâche aisée. Mais Armand à l'Aviation avait probablement de mauvais conseillers. Et dans son camp existaient des rivalités entre certains officiers.

Je ne doute nullement de l'honnêteté du colonel Armand pour qui j'ai énormément d'admiration, d'appréciation et de respect, un homme de bien dans toute l'acception du terme, un modèle d'être humain, tel qu'il n'y a pas beaucoup sur cette terre. Je veux profiter de ce moment pour souligner que quand il devint chef de la Police de Port-au-Prince, une de ses premières décisions fut d'abolir la torture et de fermer la salle où elle se pratiquait, ce qui ne manqua pas de causer les foudroyantes protestations du capitaine Jacques Laroche.

CESSEZ-LE-FEU

Grâce à l'intervention de plusieurs médiateurs, dont l'Archevêque François Poirier, Mgr. Rémy Augustin, le Commandant des Garde-Côtes Robert Bazile, il y eut un répit dans les hostilités. Le résultat des négociations fut que le colonel Armand et le général Cantave acceptèrent un cessez-le-feu qui fut accueilli avec soulagement dans les deux camps. Au fond, tandis que les passions du moment avaient privé certains de leur sens, d'autres s'étaient vus mêlés, à contrecœur, dans un conflit qu'ils regrettaient. Pressoir Pierre cite l'exemple du capitaine Charles Turnier cantonné aux Casernes:

> *(Turnier) était tellement outré des agissements de ses frères d'armes qui s'entredéchiraient pour la cause de politiciens sans scrupules, qu'il ne voulait même pas se servir de sa mitraillette, poussant son dégoût jusqu'à déclarer que si les officiers de l'autre camp parvenaient à s'emparer des Casernes, il ne se défendrait pas... Dire que ce valeureux officier a été assassiné par les sbires de Duvalier en 1963.*
> (Pierre 1987 : 91-92).

Mon attitude était la même. Des années plus tard, quand le commandant Robert Bazile et moi on s'est retrouvés en exil aux États-Unis et que nous étions devenus des amis intimes, je lui fis la confidence suivante : « Robert, au cours de la nuit du 25 au 26 mai 1957, quand tu m'as désigné comme aide-de-camp pendant tes inspections des postes, nous avons failli mourir tous les deux, car si on nous avait tiré dessus, je n'aurais pas riposté ». Ce à quoi il a répondu : « Moi non plus ».

Le cessez-le-feu fut respecté par les deux factions et il n'y eut plus de confrontation entre les deux camps, en attendant la résolution finale de la crise.

VII - COUP-DE-CASERNE
PRÉSIDENCE DE DANIEL FIGNOLÉ
26 mai-14 juin 1957

GÉNÉRAL ANTONIO TH. KÉBREAU, CHEF D'ÉTAT-MAJOR

Président Daniel Fignolé

Général Antonio Th. Kébreau

Principaux protagonistes : le Président Daniel Fignolé, les généraux Kébreau et Cantave, le capitaine Pierre, les officiers kidnappeurs, les Garde-Côtes, le Corps d'Aviation.

Le cessez-le-feu comportait deux clauses importantes. La première était la désignation par MM. Duvalier et Jumelle du candidat Daniel Fignolé comme Président provisoire, en fait un plan monté par Duvalier pour se débarrasser de l'encombrant professeur ; la deuxième, le remplacement de Cantave comme Chef d'État-Major. Pour ce poste, Fignolé fit choix du colonel Antonio Kébreau. Présents aux Casernes en plus des trois candidats : MM. Edner Day, Émile Saint-Lôt, Lucien Chauvet, René Laforêt, Roger Dorsainvil, les Ministres Lamothe, Danache et Bruny. Voici le texte de la déclaration de Duvalier et Jumelle nommant Daniel Fignolé Président provisoire :

Déclaration

Nous, soussignés, Candidats à la Présidence de la République, en présence de la crise que traverse notre Pays, crise qui le menace dans son unité morale, dans son intégrité territoriale aussi bien que dans l'unité de notre Armée ; avons décidé, dans l'intérêt supérieur de la Patrie, en présence des manifestations non équivoques du Peuple et de notre Armée, de confier provisoirement la Présidence de la République au Professeur Daniel Fignolé, en attendant que, par des mesures appropriées, il puisse amener l'ordre et la paix nécessaires au rétablissement de nos Institutions démocratiques et à l'organisation le plus tôt possible d'élections libres, honnêtes et loyales.
Port-au-Prince, le 25 mai 1957

    Clément Jumelle   François Duvalier
Candidats à la Présidence

Ainsi donc, pour la troisième fois en trois mois, la nomination du Président de la République était confiée par le Chef d'État-Major à des candidats qui ne jouissaient d'aucune qualité afférente, et dont les soucis ne consistaient qu'à défendre leurs propres intérêts. Le général était responsable d'une situation qui enfonçait son Institution et le Pays de plus en plus dans l'arbitraire. Daniel Fignolé prêta serment comme Président provisoire le 26 mai 1957, au cours d'une cérémonie à laquelle furent conviés les militaires des deux camps. Sa présidence de 19 jours allait battre tous les records en s'inscrivant dans les registres de l'Histoire d'Haïti comme la plus brève.

Le Président nomma le colonel Antonio Th. Kébreau Chef d'État-Major et celui-ci fut en même temps promu général de brigade. Autant que son prédécesseur, le nouveau chef était peu connu dans les cadres de l'Armée et à Port-au-Prince. M. Fignolé ne l'avait rencontré qu'une fois préalablement pendant sa campagne quand il était de passage aux Cayes. Que Kébreau n'ait pas tardé à se révéler partisan de Duvalier porte à se demander s'il ne l'était pas déjà au moment de sa nomination, ou s'il avait été manipulé par son âme damnée, le capitaine Pressoir Pierre.

CAPITAINE PRESSOIR PIERRE, ÉMINENCE GRISE

En effet, pour bien comprendre l'évolution des événements à partir de l'entrée en scène du nouvel acteur principal Kébreau, il faut d'abord bien connaître son metteur en scène. Campons donc la personnalité de cet officier subalterne qui s'était mêlé de la politique en faveur de Duvalier depuis qu'il était sous-lieutenant, comme il le proclame lui-même :

> ... partout où j'ai été en poste sous Magloire
> j'ai mené campagne en faveur de Doc.
> (Pierre 1987 : 68).

Le capitaine Pierre au service de Kébreau, comme on peut le lire dans son ouvrage, s'attribue fièrement la paternité d'infractions et de crimes reprochés officiellement au nouveau Chef d'État-Major. Selon ses affirmations dans son livre, pendant toute la période électorale, c'est lui qui a été, la plupart du temps, la cheville ouvrière des événements : pas Antonio Kébreau, pas Daniel Fignolé, pas même François Duvalier. Ce disant, il se glorifie de la plupart des abus et crimes qui ont été commis pour le succès de l'élection frauduleuse de Duvalier. À quelle sorte de raisonnement à l'absurde doit-il sa fierté ? Pour exposer ces abus et crimes dont il s'attribue orgueilleusement la paternité, il suffit de citer ses propres paroles. Du haut de la scène, des coulisses, ou des bas-fonds de la politique, c'est lui qui va conduire le bal du 26 mai au 22 octobre 1957. Son livre tissé de haine envers ses propres frères d'armes et tout ce qui n'est pas duvaliériste est un aveu de culpabilité sans remords.

TRANSFERTS DANS L'ARMÉE

L'une des premières décisions du nouveau Chef d'État-Major fut d'ordonner le transfert d'officiers indépendants et de ceux qui avaient fait partie du camp Armand, et la nomination de ses féaux aux postes les plus importants. Derrière le général Antonio Kébreau s'était stratégiquement posté le capitaine Pierre qui devint son conseiller dans la préparation de la liste des officiers à limoger ou à déplacer. En outre, il se fit nommer chef du Service des Recherches criminelles à la Police de Port-au-Prince. Écoutons-le :

> *Pour avoir une vue d'ensemble et un contrôle permanent sur tout événement politique susceptible de répercuter sur la campagne électorale, j'obtins du Général Kébreau le poste de chef du Service des Recherches*

Criminelles, et cela uniquement pour aider et faciliter Duvalier. Et c'est à partir de cette position clef que j'ai pu mener à bien les diverses actions qui ont conduit à la mémorable victoire du 22 septembre 1957.
(Pierre 1987 : 95).

Quel cynisme ! Voilà donc un homme qui, après les 29 ans de crimes des Duvalier parle de « mémorable victoire ».

Les transferts opérés dans l'Armée par le Chef d'État-Major l'avaient été sans consultation avec le Président et sans son approbation. Tandis que MM. Kébreau et Pierre étaient guidés par leur désir de punir les officiers du camp Armand, de se débarrasser des indépendants, et de placer aux positions clefs les partisans de Duvalier, le Président Daniel Fignolé ne voyait pas la situation du même œil et avait préparé sa propre liste d'officiers à transférer, « le premier visé étant le capitaine Pressoir Pierre ». (Pierre 1987 : 105). Dans les ordres qu'il passa au Chef d'État-Major, on peut voir qu'il avait une vision plus juste et plus large des réformes à opérer dans l'Armée. Voici la lettre que le Président écrivit au général Kébreau le 8 juin 1957 :

Monsieur le Général,

Nous avons demandé au Secrétaire d'État de la Défense Nationale de rappeler au Chef d'État-Major que les transferts actuellement effectués dans l'Armée d'Haïti sont considérés par le Président de la République comme provisoires, et que Nous désirons être renseignés sur l'état de service des officiers de l'Armée d'Haïti du grade de capitaine à celui de colonel.

> *Nous croyons devoir préciser par écrit les points sur lesquels Nous avons déjà verbalement attiré l'attention du Chef d'État-Major de l'Armée d'Haïti.*
>
> *1) Nous considérons les transferts opérés dans l'Armée d'Haïti après les événements du 25 mai écoulé comme provisoires, et Nous désirons obtenir un rapport sur ces événements, relativement à la position, aux actes et aux attitudes des Officiers qui y ont participé.*
>
> *2) Nous désirons également des informations sur l'état de service des Officiers de l'Armée d'Haïti, du grade de Capitaine à celui de Colonel, et sur le fonctionnement des Conseils de révision et des Officiers qui y ont été soumis.*
>
> *Ces informations doivent permettre au Président de la République, Chef Suprême de l'Armée, de prendre ses responsabilités dans le sens du maintien de l'unité de l'Armée d'Haïti, du retour à la discipline indispensable à l'exercice de Sa mission et de Sa vocation et en conformité des Lois et Règlements régissant la Force Publique.*
>
> *Recevez, M. le Général, l'assurance de Notre très haute considération.*
>
> *Daniel Fignolé*
> *Président Provisoire de la République*

Le 10 juin 1957, le général Kébreau fit parvenir au Président Fignolé une lettre dans laquelle il prétendait :

> *... fixer la participation de tous les officiers qui, par leur grade ou par leurs fonctions, doivent être tenus pour responsables de cette effusion de sang et de la destruction de certains édifices publics et privés.*

Dans cette lettre, il cite les noms des colonels Haspil, Armand, Villedrouin, Maximilien, des lieutenants-colonels Corvington, Buteau, Vertus, des majors Mercier, Mangonès, des capitaines Blanchet, Lallemand, Pasquet, Lespinasse, Bayard, du lieutenant Dominique. Mais le Président envoya au Chef d'État-Major sa propre liste d'officiers à transférer. C'est que, comme le rapporte le colonel Armand, il voulait réitérer :

> ... sa détermination de passer l'éponge sur les événements du 25 mai, déclarant que son objectif en acceptant la présidence provisoire est d'arriver à la réconciliation dans l'Armée. Il s'en suivit un colloque entre les deux, le Général faisait valoir la nécessité de procéder à des transferts, ce à quoi le Président acquiesça en ajoutant, en outre, qu'il a déjà donné l'ordre au Docteur Buteau, Secrétaire d'État des Relations Extérieures, de préparer l'arrêté d'amnistie.
> (Armand 1988 :162).

Kébreau refusa d'obéir. Au cours d'une confrontation orageuse au Palais dans la matinée du 13 juin, le Président, écrit Pierre, s'adressa en ces termes au Chef d'État-Major :

> Si vous avez le pouvoir en tant que Chef d'État-Major de transférer les membres de l'Armée, j'estime, en tant que Chef du Pouvoir Exécutif, avoir le pouvoir de vous ordonner le déplacement pour le bien du service de certains officiers.
> (Pierre 1987 : 105).

D'après ce que m'a raconté un aide-de-camp de Kébreau alors présent, le Chef d'État-Major, furieux, sortit de la salle en claquant la porte au nez du Président, et hurlant à son entourage : « Nous partons ». L'arrêt de destitution de Daniel Fignolé venait d'être signé. Comme Président, il était bien en droit de se croire investi de l'autorité de Chef de l'Armée, mais en fait, il n'était qu'un pantin entre les mains des militaires qui avaient manigancé son coup-de-casernes avec François Duvalier et Clément Jumelle. Il venait de procurer à Kébreau et ses acolytes, Pierre en tête, un prétexte pour le renverser. Le général réunit aussitôt sa camarilla, les Franck Beauvoir, Daniel Beauvoir, John Beauvoir, André Fareau, Pierre Merceron, etc., et naturellement Pressoir Pierre. Ce fut ce dernier qui, d'après son propre témoignage, indiqua la marche à suivre :

> *Il faut se débarrasser le plus vite possible de Fignolé qui représente un véritable danger pour l'Armée et le Pays. Si vous exécutez ces transfèrements, mon Général, le lendemain de notre départ vous serez à votre tour limogé.*
> (Pierre 1987 : 105).

Et Pierre d'ajouter fièrement :

J'en avisai immédiatement Duvalier.
(Pierre 1987 : 105).

KIDNAPPING DU PRÉSIDENT FIGNOLÉ

Sitôt dit, sitôt fait. Ce même 13 juin 1957, le Président Fignolé fut arrêté en pleine séance de cabinet par un commando d'officiers dont John Beauvoir, Joseph Lamarre, René Léon, Ernst Rey ; Edner Nelson attendait dehors dans une voiture. D'après les rumeurs, Beauvoir se serait adressé vulgairement au Chef de l'État en lui disant : « Ti kòk ou kaka ». En plus des officiers déjà mentionnés comme ayant participé à de différentes phases de cette vile besogne, Pierre cite Claude Raymond, Jacques Laroche, Deslandes Duperval, Daniel Beauvoir,

Franck Romain, Max Dominique, Musset Despeignes, Edmond Sylvain, Pierre Hyppolite, Jean Parisien, Yves Cham. La liste des kidnappeurs n'est certes pas complète.

Du palais, selon un scénario dont faisaient partie les Garde-Côtes, le Président fut conduit au wharf du ciment d'Haïti et embarqué à bord du *G.C. 8 La Crête-à-Pierrot* vers le Môle Saint Nicolas. Cette indésirable tâche aurait pu m'échoir à moi. C'est pourquoi, aussitôt que j'eus vent qu'un de nos bateaux allait être désigné à cette fin, et pour éviter toute participation personnelle en ce qui me concernait, je demandai à l'un de mes mécaniciens en qui j'avais entière confiance, de s'assurer qu'un des deux moteurs de mon bateau, le *G.C. 9 Vertières*, fût en mauvais état de fonctionnement. Je ne voulais absolument me trouver en train de jouer un rôle quelconque dans cette illégale, sale, ignoble, déshonorable combine qui me répugnait, rôle que j'étais prêt à refuser, au prix de mes épaulettes.

L'ex-Président et Madame Fignolé à bord d'un canot du GC 8 dans la baie du Môle Saint-Nicolas

*L'ex-Président et Madame Daniel Fignolé
à leur débarquement sur les rochers de la côte
du Môle Saint Nicolas*

Pendant ces opérations, dans tous les postes militaires, les officiers reçurent l'ordre d'enlever les culasses de percussion des fusils des enrôlés, car la troupe, en général, était fignoliste. Aux Casernes Dessalines, les soldats du bataillon furent invités à se rendre à la salle de théâtre sous prétexte d'assister à une séance de cinéma. Aux Garde-Côtes, des mitraillettes furent distribuées aux officiers, tandis qu'on procédait à enlever les culasses de percussion des quelques fusils en dépôt dans la salle de garde. Je pris la décision d'aller dormir sans mitraillette dans le dortoir des marins, non pas à bord de mon bateau. C'est ainsi que je ne sus absolument rien de ce qui se passa à la base au cours de cette nuit du 13 au 14 juin 1957. Ce ne fut que le lendemain matin que j'appris que le *G.C. 8 La Crête-à-Pierrot* avait été choisi pour l'embarquement du Président au wharf de Ciment d'Haïti. Pierre raconte que ce fut lui qui, « par humanité » (sic), conseilla de faire chercher Madame Fignolé. Des broussailles du Môle Saint Nicolas, le couple fut transporté à Miami par un avion militaire haïtien sous la supervision du capitaine Pierre. Toutes les opérations avaient été dirigées personnellement par ce même Pierre, toujours et partout présent quand il y avait de sales besognes à accomplir.

Voici un honteux incident raconté par le capitaine Pierre comme si c'était un admirable exemple de valeur. Avec ce récit, il démontre son ignorance de ce qui constitue le vrai devoir du militaire. Il s'agissait d'un officier attaché à la sécurité du Président Fignolé qui, écrit-il, au moment du coup fut désarmé et mis en état d'arrestation. Quand le lendemain, étonné de le trouver armé de sa mitraillette, Pierre l'interrogea, sa réponse fut :

> Mon capitaine, si le général m'avait ordonné d'arrêter Fignolé, je l'aurais fait sans hésitation. Je suis d'abord officier de l'Armée d'Haïti avant d'être partisan du Président.
> (Pierre 1987 : 108).

Pour Pierre la protection d'un Président par un militaire est une affaire de partisan. Tant pis pour ce Président si celui qui porte la mitraillette derrière lui ne l'est pas. Pour Pierre, c'est un comportement « noble », car il conclut :

> Et c'est ça l'Armée, la noble organisation à laquelle j'étais fier d'appartenir ...
> (Pierre 1987 : 105).

Le 14 juin, au cours d'une conférence de presse le général Kébreau expliquera la raison justifiant le coup d'état :

> Ce serait une démission de ma part si je le laissais désorganiser ainsi l'Armée ...

À quoi il ajouta ironiquement :

*Je suis bien fâché pour lui qu'il ait pensé
à moi comme Chef d'État-Major.*

Le kidnapping du Président Fignolé, son embarquement humiliant avec sa femme, sans leurs enfants, comme un paquet de linges sales, leur débarquement sur le rivage du Môle Saint Nicolas comme un sac de détritus, tout cela constitue une page honteuse de notre Histoire et de l'Histoire qui n'aurait pas dû exister. Comparons-la au traitement reçu par le Président Estimé après son renversement en mai 1950.

Le journaliste Albert Occénad rapporte qu'Estimé, au bout de quatre années de son mandat de six ans, tenta un coup d'état quand il essaya d'entreprendre sa réélection interdite par la Constitution et soumit au Sénat un décret modifiant celle-ci. Une majorité de sénateurs s'y opposa et fit échouer la tentative de coup. Mais M. Estimé n'allait pas s'avouer vaincu. Ses partisans menacèrent la vie des sénateurs opposés et un groupe armé attaqua la résidence du colonel Magloire qui n'eut la vie sauve que grâce à une escouade commandée par le lieutenant Guy Clérié. Toujours d'après Occénad, à la suite d'une réunion de hauts gradés dont le général Lavaud, les colonels Levelt, Alexandre, Magloire, le major Saint-Victor, etc. :

... d'un commun accord il fut décidé de demander au Chef de l'État sa démission pour éviter d'avoir à verser le sang. Sans offrir aucune résistance, Estimé demanda à Love Léger de rédiger sa lettre de démission et la remit sur l'heure à la Junte, le 10 mai 1950.
(Occénad : 43).

Après sa démission, l'ex-Président prit logement pendant quelques jours chez ses amis, le colonel et Madame Marcaisse Proper où, toujours d'après Occénad :

> *Il fut traité avec une respectueuse civilité et garda sa maison militaire sous les ordres du capitaine Flambert. Le 20 mai, un avion militaire fut mis à sa disposition pour le transporter, lui et sa famille, à Miami, assisté du Chef de sa Maison Militaire, le capitaine Flambert.*
> (Occénad : 43).

J'ai complètement foi en l'honnêteté du journaliste Occénad, mais il se peut que certains lecteurs aient des doutes au sujet de l'exactitude de son reportage. Voyons donc la version de ces mêmes circonstances écrite par Madame Lucienne Heurtelou Estimé, épouse du Président.

Lisons Mme Estimé :

> *C'est ainsi que, le soir venu, alors qu'amis, serviteurs dévoués, parents, exceptés ceux très proches, étaient partis, nous nous retrouvâmes seuls avec les enfants. Nous étions prêts, dix heures sonnaient à peine, on venait nous chercher pour nous emmener vers une destination inconnue. On nous embarqua dans des voitures du palais... On nous avait fait descendre peu après dans une cour inconnue : c'était la demeure de Marcaisse Prosper, chef de la Police de Port-au-Prince.*
> *Faudrait-il encore s'étendre sur ce séjour de cinq jours et cinq nuits vécu dans cette ville en garde à vue avec des enfants en bas âge. Je ne le crois pas. Je dirais seulement que quelques rares visiteurs, dont les membres de notre famille, munis d'un laisser-passer étaient admis auprès de nous tous les*

jours. Mon mari, l'ex-Président, était encore entouré des officiers de la Maison Militaire chargés de nous 'protéger' bien sûr, mais surtout de nous faire comprendre que le seuil de cette prison dorée nous était interdit. D'ailleurs, nous avions choisi de vivre à l'étage, ne manquant de rien...

Au cours du quatrième jour, prévenu par le major Flambert qui recevait des ordres des Casernes, domaine réservé à Paul Magloire, l'ex-Président, mon mari, m'annonça avec amertume que nous devions nous préparer à laisser le pays...

Pour nous encadrer et nous aider, sans doute, partaient aussi le major Maurice Flambert et son épouse, le lieutenant Desravines Janvier (mon garde du corps), Madame Léon Moïse pour me seconder auprès des enfants.

... Lorsqu'enfin vers trois heures du matin, le nouveau chef du pays, Paul Magloire, vint, militairement, saluer l'ancien chef d'État, celui-ci toujours digne, lui répondit calmement par un salut.

... Revenant à notre voyage forcé, je pense à cet <u>embarquement si peu ordinaire</u> que fut le nôtre.
(C'est moi qui souligne).
(Estimé, L. (2001) : 17, 18, 21).

Notez que le colonel Magloire alla saluer dans l'avion l'ex-Président et sa famille au moment de leur départ.

O tempora ! O mores ! Quand on compare cet « embarquement si peu ordinaire », comme l'appelle Madame Dumarsais Estimé à celui du Président Daniel Fignolé et de sa femme, sans leurs enfants laissés dans la gueule du loup, il y a lieu de constater que Madame Fignolé de son côté n'a pas eu la chance de jouir de ce traitement et de se plaindre d' « embarquement si peu ordinaire ».

« Embarquement si peu ordinaire ! »
L'ex-Président et Mme Daniel Fignolé
dans les broussailles du Môle Saint-Nicolas,
en route vers l'avion de l'Armée, le 14 juin 1957

Comparez aussi les visites des parents et amis du Président et Madame Estimé, les attentions quotidiennes du colonel et Madame Marcaisse Prosper, amis personnels des Estimé, à leur endroit pendant leur séjour chez eux. Comparez donc tout ça aux massacres des fignolistes à la Saline, au Bel Air, à Lakou Bréa, à la Croix des Bossales, etc., ordonnés par le Chef d'État-Major, général Antonio Th. Kébreau, racontés dans le chapitre ci-après.

Ô tempora ! Ô mores !

À LA MÉMOIRE DU GRAND PATRIOTE DANIEL FIGNOLÉ

NOSTALGIE
Poème de Nancy Turnier-Férère

J'ai laissé ma belle patrie lointaine
    J'ai laissé mon triste amant en peine
J'ai vu avec chagrin les années s'écouler
    Que de larmes versées et d'espoirs dérobés

Toi mon pays je rêve de tes eaux limpides
    Tes légendes ta beauté abstraites et fluides
Ta brousse tropicale ton folklore tes images
    Tes jours ensorcelants et tes nuits sans nuage

Toi mon amour je pense à tes désirs rêveurs
    Tes délices tes baisers tes espoirs de bonheur
Je rêve de ta peau d'ébène tes mains tes yeux
    Je te désire te caresse c'est ça que je veux

Tout me paraît comme de sublimes images
    Votre absence me peine il me faut du courage
Et à vous deux je répète que je vous adore
    De toi patrie je me souviens même quand je dors

Avec un tel amour je prélude mon espoir
    Un jour viendra le délice de vous revoir

CHANTS DE RÊVES
CRIS D'ESPOIR

VIII - CONSEIL MILITAIRE DE GOUVERNEMENT KÉBREAU, ZAMOR, VALVILLE
14 juin-22 octobre 1957

Général Antonio Th. Kébreau

Principaux protagonistes : le général Antonio Kébreau, les colonels Émile Zamor et Adrien Valville, le capitaine Pressoir Pierre, les officiers massacreurs des fignolistes.

Alors que le général Léon Cantave s'était toujours heurté au refus d'un état-major encore assez décent à chaque fois qu'il tentait de former une junte militaire, le général Antonio Kébreau ne rencontra aucune opposition quand il décida de créer son Conseil Militaire de Gouvernement, sous sa présidence, avec comme membres les colonels Émile Zamor et Adrien Valville. Il pouvait compter sur le support d'un grand nombre d'officiers qui avaient participé au renversement du Président Fignolé et celui des partisans de Cantave le 25 mai 1957. Grâce à « l'ordre maintenu à tout prix » décrété par le général Kébreau et le Conseil Militaire de Gouvernement, ils purent organiser des élections officielles et assurer l'escamotage du pouvoir par François Duvalier. Kébreau prit des mesures garantissant la neutralisation de toutes difficultés et opposition que son candidat pourrait rencontrer. La loi martiale et l'état de siège furent décrétés. Il forma un cabinet composé exclusivement d'officiers : Maurepas Alcindor, Louis Roumain, Gaston Georges, Oswald Hyppolite, Christophe Mervilus, Gérard Boyer. La Justice, ainsi que la rédaction de la loi électorale furent confiés au capitaine André Fareau.

MASSACRE DES FIGNOLISTES

Contrairement aux juntes précédentes, le Conseil Militaire de Gouvernement de Kébreau naquit dans un océan de sang, le massacre d'un nombre incalculable de partisans de Daniel Fignolé. Ceux-ci, habitants des taudis de La Saline, Croix des Bossales, Morne à Tuf, Lakou Bréa, Bel Air, etc., à la nouvelle du coup d'état, conscients de leur faiblesse en face de l'Armée, réagirent de la manière la moins violente qu'on eût pu imaginer. Pendant les nuits du 15 au 16 et du 16 au 17 juin 1957, ils s'enfermèrent dans leurs cahutes et se mirent à pousser des cris de deuil et de douleur et à frapper des ustensiles de cuisine. Quel mal pouvaient causer les voix langoureuses de ces souffreteux et le bruit des casseroles ? Kébreau et ses sbires ne l'entendirent point de cette oreille. Des officiers, porteurs d'armes automatiques, oui des officiers, non pas des soldats, puisque ceux-ci étaient pour la plupart des fignolistes, parcoururent les quartiers pauvres de la ville et pendant toutes ces deux nuits tirèrent à hauteur d'homme sur les maisonnettes d'où venaient les lamentations. Dieu seul sait le nombre de victimes de ce carnage. Les survivants durent enterrer leurs morts secrètement pour ne pas attirer l'attention des militaires. Trente ans plus tard, Pressoir Pierre qui fut l'un des organisateurs et participant principal de cet horrible massacre aura encore l'impudence de déclarer :

> *Il fallait faire cesser cet état de choses, et le dimanche 17 juin, en compagnie des officiers Jacques Laroche, John Beauvoir, Joseph Lamarre, Edner Nelson, Claude Raymond, Deslandes Duperval, Franck Romain, Max Dominique ...*
> *nous avons patrouillé dans tous les points chauds de la capitale... et j'ai eu à faire les recommandations suivantes aux habitants de Port-au-Prince : « Le pays ne peut pas être livré à des voyous ; avant-hier soir les forces de l'ordre avaient mitraillé les toits des maisons ; cette nuit, si à l'annonce du couvre-feu, les cris recommencent, l'Armée a reçu l'ordre de tirer à hauteur d'homme.*

(Pierre 1987 : 110-112).

Ces soi-disant « recommandations » du dimanche 17 juin à de pauvres hères qui ne faisaient que pleurer et gémir, d'après lesquelles « l'Armée a reçu l'ordre de tirer à hauteur d'homme si les cris recommencent », n'étaient que des mensonges. Les officiers tueurs de Kébreau, en fait, avaient déjà tiré à hauteur d'homme pendant les nuits précédentes et ne cherchaient que des prétextes pour récidiver. C'est ça la vérité. Après ces massacres, tout au long de l'Avenue de la Saline, à la Croix des Bossales, au Bel Air, et dans les environs, on pouvait voir les camions de l'Armée ramassant des cadavres.

Le colonel Armand attire l'attention sur :

> *... les dégâts que devait causer cette mitrailleuse installée selon la clameur publique, à l'extrémité du grand wharf de Port-au-Prince, tirant à plein rendement et à l'aveuglette sur des cibles que constituent les taudis des quartiers de la Saline et de la Croix des Bossales...*

(Armand 1988 : 170).

Lisons aussi le reportage de deux journalistes étrangers qui n'ont pas de parti à prendre ni d'intérêts à défendre:

> On évalue le nombre des tués à quelque mille personnes. Ce dernier chiffre ne sera cependant jamais vérifié, car personne ne veut prendre le risque d'être surpris en train de compter des cadavres. Arrivent alors des détachements de troupe qui chargent ceux-ci à bord de camions militaires et les emmènent. Les pompiers pour leur part nettoient les traces de sang dans les rues.

(Diederich et Burt 1986 : 98).

Le général Kébreau organisa une conférence de presse au cours de laquelle il fit la déclaration suivante :

> Nous maintiendrons l'ordre à tout prix. Nous sommes fatigués de cet état de choses. Vous avez entendu, Messieurs, <u>ces hurlements de bêtes fauves. Les pylônes électriques résonnèrent, c'était un bruit infernal. Nous avons besoin de nous reposer. Il y a eu des morts et des blessés</u> (C'est moi qui souligne).

C'est vrai qu'un malade a besoin de se reposer. Par conséquent, tout ce qui empêchait un général Kébreau malade de le faire, « les hurlements, le bruit infernal, le résonnement des pylônes électriques », toutes ces manifestations de non-violence dignes des Gandhi, Martin Luther King, Jr. et Nelson Mandela, étaient des crimes suffisants pour imposer la peine de mort à ces milliers de « bêtes fauves ».

Des mesures furent prises immédiatement déclarant le Mouvement Ouvrier Paysan (MOP) de Fignolé hors la loi, interdisant les grèves, bâillonnant la liberté d'expression, supprimant la liberté de la presse, permettant les perquisitions illégales, interdisant les déplacements à l'intérieur du pays sans permission, etc. Au Service des Recherches Criminelles où le capitaine Pierre s'était fait nommer « pour aider Duvalier », comme lui-même l'a écrit, il agira en véritable super-ministre de la police pendant toute la période électorale. Il emprisonnera, intimidera fignolistes, déjoieistes et jumellistes : Georges Bretous, Max Bolté, Franck Sajous, André Dupuy, Georges E. Rigaud, Dacius Benoît, Rossini Pierre-Louis, Marceau Désinor, Fritz Périgord, Daniel Vital, Hermann Colas, Franck Séraphin, Camille Lhérisson, Édouard Bellande, Victor Duncan, Jacques Deschamps, Herman Pape, Antoine Saliba, Charles Issa, Pierre Duverseau, M. Santelli au Cap, Sarkis Georges aux Cayes, M. Lemke à Port de Paix, etc. (Source : Occénad et notes personnelles). Ceux qu'il n'emprisonnera pas, il les enverra dans les petites villes de province strictement surveillés par des militaires dévoués à la cause de François Duvalier. En outre, Pierre rapporte que :

> *(Kébreau) avait laissé à Duvalier le soin de placer lui-même, dans les localités de province, ses bureaux de vote aux endroits qui lui seraient le plus favorables afin que ses partisans ne disposant pas de moyen de transport puissent se rendre facilement aux urnes.*
> (Pierre 1987 : 115).

Kébreau accorda également à Duvalier le droit de désigner la date des élections. Celui-ci choisit cyniquement celle du 22 septembre, date anniversaire du génocide des Libéraux et de l'incendie de leurs quartiers par les partisans du Président Lysius Félicité Salomon le 22 septembre 1883. Duvalier offrait déjà, intentionnellement et sadiquement, un signe précurseur de ses massacres et génocides futurs.

ÉLECTIONS « LIBRES ET HONNÊTES » À LA KÉBREAU

Aux naïfs et aux faibles d'esprit seuls de croire en la tenue des « élections honnêtes et libres » que le Conseil Militaire de Gouvernement promettait chaque jour avec tambour et trompette. Loin d'être dupe, Clément Jumelle, jadis complice de Cantave et de Duvalier dans le choix de Daniel Fignolé comme Président provisoire le 25 mai 1957, annonça le retrait de sa candidature et conseilla à son homologue Louis Déjoie d'en faire autant. Celui-ci insista quand même à aller aux urnes. D'après le scrutin officiel, il ne fut même pas élu sénateur du Sud, un Département où il jouissait d'une majorité écrasante. Pressoir Pierre qui sait tout au sujet de tout renseigne ex cathedra:

> *Et l'on constata avec une certaine surprise que Déjoie ne fut pas élu Sénateur dans le Département du Sud où il avait fait acte de candidature. En toute justice, il faut dire à la décharge du gouvernement militaire, que Louis Déjoie avait été élu premier Sénateur du Sud, mais le Bureau Central de Recensement l'élimina au profit de Jules Larrieux.*
> (Pierre 1987 : 121).

Au dépouillement total on compta 630.509 voix pour François Duvalier et 249.956 pour Louis Déjoie. C'était insulter le bon sens des plus sots que de faire croire qu'en plus des centaines de milliers de voix déjoieistes, les partisans de Clément Jumelle, après le retrait de sa candidature, et ceux de Daniel Fignolé, après le massacre de leurs familles et de leurs proches, auraient voté pour François Duvalier. Au moment où j'écris ces lignes, j'ai à côté de moi un compatriote qui me dit avoir été membre d'un bureau électoral à Port-au-Prince comme représentant de Déjoie, et qu'il a vu voter des déjoieistes qu'il connaissait, et que lui-même il a voté Déjoie dans ce même bureau. Cependant, au dépouillement, il n'y eut aucune voix pour le sénateur Déjoie à ce bureau.

Rétrospectivement, il y a lieu de se réjouir de la fausse défaite électorale de M. Déjoie comme sénateur du Département du Sud, car si son élection avait été reconnue, il serait resté dans le pays et aurait été assassiné par François Duvalier, comme le furent les députés déjoieistes Franck Séraphin de Port-au-Prince et Amerlin Condé des Cayes. Au Sénat, tous les élus étaient duvaliéristes ; à la Chambre, il n'y eut que ces deux exceptions, les déjoieistes Condé et Séraphin, déjà mentionnés. Le capitaine Pressoir Pierre se vante de la paternité de la validation des pouvoirs du député Franck Séraphin à la Chambre :

> ... j'ai cité le cas de Franck Séraphin dont on ne voulait pas valider l'élection à la Chambre des Députés sur les instances de Duvalier. Comme j'étais présent à cette séance, j'ai profité d'une suspension d'audience pour pénétrer dans l'hémicycle et déclarer à haute voix que l'Armée n'acceptera pas que Séraphin, régulièrement élu, ne siège pas en tant que Député à la Chambre.
> (Pierre 1987 : 121).

C'est bien le cas de dire : Jupiter rend fous ceux qu'il veut perdre. Pierre était devenu fou, pour répéter la tirade de son « Doc ». Il venait sans doute de signer son propre arrêté de disgrâce. Comment osait-il s'arroger le droit de s'opposer à la volonté de Duvalier au nom de « l'Armée qui n'accepterait pas » ? Celui-ci allait bientôt se débarrasser de Pierre comme d'une poubelle de détritus, et en fait de toute « l'Armée qui n'accepterait pas ».

PRÉMICES DE LA DÉSINTÉGRATION DE L'ARMÉE

Quelques jours après les élections, avant l'installation du nouveau Président, il y eut une tentative de grève du commerce à Port-au-Prince pour protester contre les fraudes électorales. Les officiers de Kébreau, Pierre en tête, se rendirent chez les propriétaires des établissements fermés et les sommèrent d'aller immédiatement les ouvrir. L'ordre fut donné au Capitaine Georges Élie fils, Commandant de la Compagnie des Pompiers de faire sauter les portes des maisons qui n'étaient pas ouvertes. Elie, tel un solitaire Pierre Sully en face de l'armée de l'occupant en 1915, refusa d'obtempérer. Il fut révoqué illico, devenant ainsi la première victime militaire de l'Hitlérisme duvaliérien naissant. L'Armée de Kébreau en effet fit sauter ou ouvrit au chalumeau les portes des magasins fermés qui furent livrés au pillage.

Plus ou moins à la même époque, on enregistra le premier cas de limogeage aux Garde-Côtes d'Haïti, celui du sous-lieutenant de vaisseau Jean-Claude Laporte, diplômé comme moi de l'Académie Navale du Venezuela qui, en apprenant que François Duvalier avait obtenu plusieurs dizaines de milliers de voix à La Gonâve, poste où il avait été envoyé en mission le jour des élections, eut à commenter publiquement : « Impossible, la Gonâve n'a pas ce nombre d'habitants ». Impossible ? Avec Duvalier au pouvoir à partir du 22 octobre 1957, les horreurs les plus impossiblement imaginables allaient devenir monnaie courante dans tout le pays.

DEUXIÈME PARTIE : HITLÉRISME

IX - PRÉSIDENCE DE FRANÇOIS DUVALIER
22 octobre 1957 - 21 avril 1971

EXÉCUTIONS, RÉVOCATIONS ET RÉFORMES D'OFFICIERS

François Duvalier

Après la prise du pouvoir par François Duvalier, les militaires les plus dévoués à sa cause, le général Antonio Kébreau en tête, les officiers Franck Beauvoir, Pressoir Pierre, Roger Tribié, Maurice Flambert, André Fareau, etc. furent vite limogés. Pressoir Pierre, le super-ministre de la police, le « duvaliériste numéro 1 de l'armée », devra passer les 29 ans du régime comme attaché militaire quelque part en Europe, sans salaire régulier, et réduit à quémander de misérables miettes que son « Doc », et plus tard le fils, lui envoyaient de temps en temps quand ça leur plaisait, sans pouvoir jamais rentrer en Haïti. Quant au général Kébreau, il fut nommé Ambassadeur au Vatican. Pendant une visite en Haïti, il succombera mystérieusement le 13 janvier 1963, à une indisposition à son retour chez lui après avoir assisté à une réception. On soupçonne que François Duvalier l'aurait fait empoisonner.

Les militaires duvaliéristes de 1957, eux qui avaient cru qu'ils allaient pouvoir continuer leurs ingérences dans la politique furent au contraire dupes de leur ambition, leur malice, leur absence de tout sens de l'honneur. Par leur comportement, ils ont ouvert la voie qui allait conduire à l'effondrement de leur Institution, car avec Duvalier s'inaugurait l'ère des pesantes ingérences de la politique dans les affaires de l'Armée.

Dans un court intervalle, avec la complicité de quelques officiers ambitieux du Quartier-Général qui y voyaient leur chance de monter en grade ou de se débarrasser de collègues gênants, Duvalier procéda à des révocations, retraites et réformes en masse dans l'Armée qui emportèrent des centaines d'officiers (liste incomplète) :

Les colonels ou lieutenants-colonels :
Bernardin Augustin, Antonio Doublette, Germain Évariste Ducheine, René Léon, Max Tassy.
Les majors :
Max Buteau, Victor Blanchet, Roger Célestin, Roger Colon, Francis Etienne, Joseph Jérôme, Albert Maignan, Léo Scott.
Les lieutenants-commandants :
Robert Bazile, Albert Poitevien.
Les lieutenants ou sous-lieutenants de vaisseau :
Nicolas Beauséjour Gérard Férère, Antoine Gauthier, Jean Gaetjens, Fritz Hodson, Frédéric U. Guerrier, Raymond Lafontant, Claude Larreur, Maurice Martin, Jacques Salgado, Mario Montreuil, André Kernizan.

Les capitaines :
Daniel Bouchereau, Philippe Célestin, Guy Clérié, Max Corvington, Roger Corvington, Musset Despeignes, Philippe Gerdès, Gérard Gourgues, Pierre Holly, Marc Jean-Baptiste, Roland Jean-Louis, Pierre Joseph, Lucien Lespinasse, Pierre Martineau, Roger Nicolas, Pressoir Pierre, Emmanuel Prophète, Jean Rivière, Marcel St. Firmin, Lucien Scott, Antoine Telson.
Les lieutenants :
Adrien Blanchet, Ludovic Audant, Jean Bertrand, Fritz Etienne, Claude Edelyne, René France, Victor Lamarque, Fritz Lamothe, Raymond Lebreton, Max McCalla, Serge Péan, Serge Sansaricq, Louis Vilmenay, Anthony Volel, Yves Volel.
Les sous-lieutenants :
Gérard Dufanal, Pierre Dougé, Innocent Étienne, Gérard Lys.
(Source : Delince 1979 et notes personnelles. Liste incomplète).

Peu à peu la liste s'allongea jusqu'à la macoutisation totale de l'Armée avec la promotion comme officiers d'enrôlés incultes dont certains devinrent généraux. À la liste des révoqués, retraités et réformés s'ajouta celle des tués ou morts à la suite de mauvais traitements (liste incomplète) :

Les colonels ou lieutenant-colonels :
Max Bazelais, Kesner Blain, Max Chassagne, Henri L. Clermont, Alfred Forbin, Hamilton Garoute, Louis Maximilien, Chenon Michel, Antoine Multidor, Albert Poitevien, René Sajous, Charles Turnier, Roger Villedrouin.
Les majors :
Fritz Brierre, Philippe Célestin, Max Corvington, Max

Deetjens, Édouard Denis, Francis Ed. Etienne, Louis Moise, Édouard Roy, Max Tassy.

Les capitaines :

Jean Bouchereau, Roland Chassagne, Luc O. Chassagne, Roger de Chavigny, René Lallemand, Georges Lauture, Lucien Lespinasse, Charles Lochard, Frantz Lominy.

Les lieutenants ou sous-lieutenants :

Pierre Dougé, Pradel Louis-Charles, Guy Marcel, Max Paris, Alix Saint-Fort.

(Source : Delince 1979 et notes de l'auteur).

La liste précédente est un tableau d'honneur. Par conséquent, elle ne contient pas les noms des 19 officiers duvaliéristes exécutés par François Duvalier personnellement à Fort-Dimanche le 8 juin 1967. Celle-ci se trouve à la page suivante.

Dès 1959, François Duvalier avait mis en exécution son plan de destruction de l'Armée qui l'avait installé au pouvoir, et sa neutralisation par les tontons macoutes et fillettes Laleau. Il devait bientôt la remplacer par sa propre Gestapo qu'il nomma Forces Armées d'Haïti. Écoutons-le dans deux de ses discours :

> *Je n'ai pas hésité à porter la hache à un édifice menacé d'écoulement: l'Armée d'Haïti. Cette institution avait perdu le sens de sa mission.*
> (Discours du 20 avril 1959).

> *De plus, j'ai associé le peuple, à travers l'organisation des Volontaires de la Sécurité Nationale, à la défense de ses conquêtes ... Je répète à nouveau ici que ce Corps n'a qu'une âme : Duvalier, ne connaît qu'un seul chef : Duvalier, ne lutte que pour un seul destin : Duvalier au pouvoir.*
> (Discours du 1 avril 1964).

François Duvalier et ses sbires à Fort-Dimanche

De gauche à droite : Jean-Claude Duvalier, Gracia Jacques, Claude Raymond, François Duvalier, Jean Tassy

Le 8 juin 1967, 19 officiers proches à François Duvalier furent exécutés au Fort-Dimanche par un peloton sous le commandement personnel du Président :

Colonel Charles Lemoine
Major José Borges
Major Harry Tassy
Major Pierre Thomas
Capitaine Serge Hilaire
Capitaine Joseph Laroche
Capitaine Serge Madiou
Capitaine Donalt Manigat
Capitaine Michel Obas
Capitaine Probus Monestime
Lieutenant Venard Casimir

Lieutenant Mérizier Geffrard
Lieutenant Franck Monestime
Lieutenant Grégoire Monestime
Lieutenant Marc Monestime
Lieutenant Alix Rémy
Lieutenant Josma Valentin
Adjudant Joseph Alcéna
Adjudant André Desrosiers

Les officiers suivants étaient sur la liste des condamnés à mort mais échappèrent à leur exécution en se réfugiant dans des ambassades ou en se mettant à couvert à temps.

Lieutenant-colonel Jean Tassy
Major Malherbe Éyma
Capitaine Léon Veillard
Lieutenant Evans Guillaume.
Lieutenant Joseph Laforest

Les chefs d'accusation :

« Mutinerie » dans le but d'attenter à la vie du Chef de l'État.
« Haute trahison » : concertation en vue d'une invasion du pays en corrélation avec des aventuriers internationaux, et mise en danger de la souveraineté nationale.

Les historiens tombent d'accord qu'il n'y avait vraiment jamais eu ni mutinerie ni complot, et que le Président avait des raisons personnelles de se débarrasser de ces officiers duvaliéristes qui l'avaient cependant bien servi. L'un de ceux qui étaient sur la liste des accusés était le capitaine Max Dominique, son propre gendre. Les rumeurs veulent qu'il aurait été épargné parce que sa femme, Marie-Denise Duvalier, aurait dit à son père : si vous tuez Max, moi je vous tue.

X - CRIMES, MASSACRES ET GÉNOCIDES DE FRANÇOIS DUVALIER

*Il n'y a pas de drapeau assez grand
pour couvrir la honte de tuer des innocents.*
Howard Zinn

COMPILATION CHRONOLOGIQUE

Aussitôt au pouvoir, François Duvalier entreprit des actions brutales contre ses adversaires ou présumés adversaires par des enlèvements nocturnes, viols, et meurtres commis par des individus masqués connus sous le nom de 'cagoulards'. Les personnes enlevées seront tout simplement portées disparues et le gouvernement arrivera même à nier leur existence. Tel fut le cas de notre grand footballer international Joe Gaetjens. C'était la façon du tyran d'installer d'ores et déjà, l'atmosphère de terrorisme hitlérien qui devait caractériser son règne.

À mesure que passent les mois et les années, les tueries s'amoncellent et on ne saura jamais le nombre des victimes pendant les 29 ans de dictature. Pierre-Charles 1973 rapporte que selon Jean Tassy, l'Heinrich Himmler duvaliérien, Chef du Service des Recherches criminelles à la Police de Port-au-Prince dans les années 60, 2053 personnes ont été liquidées dans cet établissement entre 1957 et juin 1967, date à laquelle Tassy lui-même dut chercher refuge dans une ambassade, quand Duvalier ordonna son exécution.

En plus des exécutions individuelles et multiples, et des assassinats de militaires et de civils, François Duvalier planifia de nombreux massacres. Ci-après une relation chronologique de quelques-uns. (Liste incomplète).

MASSACRE DU 26 AVRIL 1963

Principaux protagonistes : l'Armée d'Haïti et la milice macoute, lieutenant Max Dominique.

Le vendredi 26 avril 1963, après une soi-disant tentative d'assassinat ou d'enlèvement des enfants de François Duvalier devant le Collège Bird dont fut accusé à tort le lieutenant François Benoît, le Président, fou de rage, ordonna l'arrestation et l'exécution de nombreuses personnes, militaires et civils suspectes d'être des opposants. Des détachements de la Police, de l'Armée, et de la milice macoute se rendirent à la résidence de la famille Benoît au Bois-Verna, tuèrent tous ceux qui s'y trouvaient, son père, sa mère, deux servantes, une dame enceinte qui était en visite, les chiens, et incendièrent la maison avec les cadavres. (Voir liste ci-après). Quant au nourrisson de 18 mois du couple Benoît, des rumeurs circulèrent qu'il fut ou bien tué aussi, ou bien qu'il aurait été emporté par le lieutenant Max Dominique, gendre de Duvalier. Après avoir incendié la maison des Benoît, les agents du Président se rendirent à la résidence de la famille de l'épouse du lieutenant Benoît, Jacqueline Édeline, et exterminèrent la famille et toutes les autres personnes qui s'y trouvaient. (Voir liste ci-après).

Peu après le 26 avril, on découvrit que le vrai auteur de l'attentat était Clément Barbot, un proche de Duvalier et ancien chef des macoutes et non pas le lieutenant Benoît. Celui-ci d'ailleurs avait pris refuge à l'Ambassade de la République Dominicaine trois jours auparavant, le 23 avril, parce qu'il était recherché au sujet d'un soi-disant complot. Il a été aussi rapporté que Duvalier avait une autre raison de massacrer la famille Benoît : dans certains cercles on citait le nom de l'ancien Juge en Cassation Joseph Benoît, père du lieutenant François Benoît pour remplacer Duvalier à la Présidence du Pays.

Le tyran profita de l'incident pour ajouter à la liste des personnes à exécuter certains officiers en service actif ou retraités et des civils suspects d'avoir été complices ou simplement au courant d'un coup avorté planifié au début d'avril 1963 par les colonels Lionel Honorat, Kern Delince et Charles Turnier. Le colonel Turnier fut arrêté et tué aux Casernes Dessalines où il avait été conduit après son arrestation, mais Delince et Honorat eurent le temps de gagner une ambassade. J'étais du nombre de ceux qui devaient être tués ce jour-là. J'eus la vie sauve grâce à la protection de mon cousin, le colonel Frédéric Marc Arty, Chef de la Police de Port-au-Prince et puissant duvaliériste. (Voir page 25). Des femmes, des enfants, des bébés, des nourrissons furent tués, des innocents contre lesquels il n'y avait aucune accusation, tels que l'avocat bien connu Benoît Armand liquidé à cause de son prénom confondu avec le nom de famille Benoît, l'étudiant Lionel Bance, le nommé Titonn, âgé de 15 ans, jeune protégé des Benoît.

Voici une liste évidemment incomplète de personnes assassinées ce jour-là. Les noms des militaires sont soulignés.

Armand, Benoît (avocat, assassiné à cause de son prénom
    Benoît)
Augustin, Pressoir (coiffeur)
Auguste, Léandre (octogénaire)
Bance, Lionel (étudiant)
Benoît, Gérald (nourrisson de 18 mois, fils du couple
    Benoît/Édeline)
Benoît, Joseph (ancien juge en cassation, père du lieutenant
    Benoît)
Benoît Neptune, Louise (mère du lieutenant Benoît)
Bouchereau, Amédée (entrepreneur, commerçant)
<u>Bouchereau</u>, Jean (ingénieur, capitaine ADH)
Carré (prénom inconnu, tué par balles dans la voiture
    de Louis Dupoux, celui-ci grièvement blessé)

Célestin, Philippe (major ADH)
Chassagne, Roland (capitaine ADH)
De Chavigny, Roger (capitaine ADH)
Chenet, Jean (commerçant, artiste)
Clermont, Henri (colonel ADH)
Clermont Jiménez, Juanita (épouse du colonel Clermont)
Clermont, Marrat Juanita (fille des Clermont)
Corvington, Max (capitaine ADH)
Damas, Fritz (assassiné à la place Ste. Anne)
Denis, Édouard (dentiste, major ADH)
Désulmé, Maurice
Désulmé, née Sainté, (épouse Maurice Désulmé)
Désulmé, Léa (fille des époux Maurice Désulmé)
Désulmé, Roland (fils de Sainté et Maurice Désulmé)
Dougé, Pierre Élie (lieutenant ADH)
Dougé, Rossini (frère du lieutenant Dougé)
Duchatelier, Maurice (époux de Ghislaine Édeline)
Duchatelier, Philippe-Maurice (nourrisson de 18 mois
   de Ghislaine Édeline et Maurice Duchatelier)
Dufanal, Liliane
Édeline, Georgette (mère du lieutenant Claude Édeline)
Édeline, Paul René (père du lieutenant Édeline)
Édeline Duchatelier, Ghislaine, (sœur du lieutenant Édeline)
Édeline, Gladys (sœur du lieutenant Édeline)
Édeline, Jean-Robert (frère du lieutenant Édeline)
Édeline, Raymond (frère du lieutenant Édeline)
Étienne, Francis (major ADH)
Fouchard, Lionel (ancien officier des GCDH)
Forbin, Alfred (capitaine ADH)
Garoute, Hamilton (colonel ADH)
Lallemand, René (capitaine ADH)
Larreur, Roger (père du lieutenant Claude Larreur GCDH)
Lauture, Georges (lieutenant ADH)

Lilavois, Jean-Marc (petit-fils du colonel Henri Clermont)
Lochard, Charles (capitaine ADH)
Lominy, Frantz (lieutenant ADH)
Marcel, Guy (sous-lieutenant ADH)
Maximilien, Louis (médecin, colonel ADH)
Michel, Chenon (capitaine ADH)
Paris, Max (lieutenant ADH)
Paulette (nom de famille inconnu, servante chez les Benoît)
Poitevien, Albert (ancien Commandant des GCDH)
Remarais, Mathilde (servante chez les Benoît)
Riobé, André (commerçant)
Roy, Édouard (colonel ADH)
Sabalat, Ernest (avocat)
Saint-Fort, Alix (lieutenant ADH)
Saint-Phil, Fritz (mécanicien)
Sajous, René (capitaine ADH)
San Millan, Frédéric (président du syndicat des chauffeurs-guides)
Scott, Lucien (capitaine ADH)
Sévère, Ernest (avocat, ancien ministre de Fignolé)
Simon, Franck (commerçant)
Sincère, Amanie (bonne d'enfant de Gérald, le bébé de 18 mois du couple Benoît/Édeline)
Théodore, William (ami de Didier et Paul Vieux tués eux aussi)
Tippenhauer, Éric (père d'Éric Junior et de Rudy)
Tippenhauer, Éric Jr.
Tippenhauer, Rudy
Ti Tonn, 15 ans, (protégé de la famille Benoît)
Vieux, Didier
Vieux, Paul (Polo)
Villedrouin, Roger (colonel ADH)
Anonyme, une dame enceinte en visite chez les Benoît
(Sources : Notes de l'auteur et Pierre-Charles 2000).

MASSACRES DU 22 SEPTEMBRE 1963 À FORT-DIMANCHE

*Fort-Dimanche
Le Dachau duvaliérien
Bâtiment principal en 1987*

Principaux protagonistes : membres de l'Armée d'Haïti et de la milice macoute.

Le 22 septembre 1963, date anniversaire de l'élection de François Duvalier, mon beau-frère Jean-Claude Turnier était prisonnier à Fort-Dimanche ayant été accusé d'avoir participé à un complot et à une attaque de postes militaires organisés par Hector Riobé. Il me raconte qu'à l'approche de cette date, le bruit courait dans la prison que le Président allait prendre un arrêté de grâce en faveur des détenus. Hélas, ce fut un espoir vain et peut-être un scénario cruellement et systématiquement fabriqué par le despote. Ce qui se passa fut tout à fait le contraire.

À Fort-Dimanche, la matinée se déroula sans rien de spécial à signaler à la prison elle-même. Cependant, au milieu de l'après-midi, dans la rue devant le bâtiment principal, il y avait une activité fébrile, des arrivées constantes de multiples véhicules qui passaient remplis d'hommes, de femmes, et d'enfants, empilés les uns sur les autres. Ces véhicules se dirigeaient vers un terrain utilisé autrefois comme camp d'entraînement de tir de l'Armée. C'est là qu'on amenait ces victimes pour être exécutées sans autre forme de procès et enterrées dans des fosses communes qu'on les forçait de creuser elles-mêmes. En effet, peu après le passage des véhicules devant le bâtiment, on entendait des rafales de mitraillette. Combien ces victimes étaient-elles ? On ne le saura jamais. Qui étaient-elles ? On ne le saura jamais.

Pendant toute la nuit de ce 22 au 23 septembre 1963, me raconte mon beau-frère, on pouvait entendre dans la cour de Fort-Dimanche des allers et retours sans cesse de véhicules et des rafales de mitraillettes. Les bourreaux procédaient alors à l'enlèvement des prisonniers de leurs cellules, non pas pour les libérer mais pour les exécuter. Il s'agissait probablement d'un déblayage pour faire de la place dans les cellules à de nouveaux prisonniers. Les rafales, continuèrent tout au long de la nuit, tandis que Jean-Claude et ses compagnons de cellule attendaient leur tour dans la résignation. On ne saura jamais ni les noms ni le nombre de ces prisonniers massacrés. C'est peut-être cette nuit-là qu'on tua mon autre beau-frère, Wilhelm, lui aussi prisonnier à Fort-Dimanche à ce moment-là, accusé également d'avoir été le complice d'Hector Riobé.

LE MASSACRE DES HABITANTS DE LA RÉGION DE THIOTTE
Juin - Septembre 1964. Voir Addendum 1

Principaux protagonistes : Les Forces Armées d'Haïti et la milice macoute.

Au mois de juin 1964, un groupe d'hommes armés traversa la frontière haitiano-dominicaine dans la région avoisinant Belle-Anse. De là ils tentèrent d'organiser une opération guérilla et se dirigèrent vers Mapou, Nan Bwapen, Thiotte, et Grand-Gosier. Quand la nouvelle arriva à Port-au-Prince, des compagnies des Forces Armées, de macoutes et de fillettes laleau furent dépêchées en plusieurs occasions pour les combattre, mais ne purent jamais les localiser car leur base était de l'autre côté de la frontière. Duvalier accusa les habitants des villages de la zone, de les avoir cachés et aidés et les rendit responsables des échecs de ses troupes. Il ordonna l'extermination de la population. On estime à plus de 600 le nombre d'hommes, femmes, enfants qui furent passés par les armes. Beaucoup de membres des mêmes familles, à l'instar du massacre du 26 avril 1963 à Port-au-Prince, furent tués. (Source : Pierre-Charles 2000 et Devoir de Mémoire-Haïti).

LE GÉNOCIDE DE JÉRÉMIE
Août/Septembre 1964

Principaux protagonistes : les Forces Armées d'Haïti, la milice macoute, le capitaine Abel Jérôme, le lieutenant José Borges, le Dr. Jacques Fourcand, MM. Gérard Brunache, Pierre Biamby, Saintonge Bontemps, Pierre Frédéric (député), Astrel Benjamin, Max Frédéric, Massillon Thélus, Bòs Séraphin, Marcel Myrtil, François Cajoux, Raoul Cédras père, Benoît Gelé, une certaine Sanette dite Balmir.
(Source : Chassagne 1976/1999).

Albert Chassagne, dans *Bain de Sang*, a publié une liste certainement incomplète des noms de 27 victimes connues du génocide de Jérémie aussi dénommé « Vêpres jérémiennes » : hommes, femmes, vieillards, enfants, nourrissons furent massacrés, tous parce qu'ils avaient la peau claire, en représailles contre le débarquement du détachement des treize héros de « Jeune Haïti » dont tous les membres, excepté Marcel Numa, avaient aussi la peau claire. Ils s'appelaient:

Max Armand, Jacques Armand, Gérald-Marie (Géto) Brière, Mirko Chandler, Louis (Milou) Drouin, Charles Forbin, Jean Gerdès, Réginald Jourdan, Yvon Laraque, Marcel Numa, Roland Rigaud, Gusley Villedrouin, Jacques Wadestrandt. Les treize combattirent glorieusement. Onze moururent sur le champ de bataille après une résistance de plus de trois mois, assez de temps pour faire gonfler leurs rangs, si les Haïtiens avaient eu le courage de suivre l'exemple des Cubains après le débarquement de Fidel Castro, Raúl, el Che et les autres compagnons sur la plage de Las Coloradas, le 2 décembre 1956. Marcel Numa et Louis Drouin furent faits prisonniers, torturés et exécutés.

La cruauté que démontrèrent les bourreaux de François Duvalier pendant le génocide de Jérémie est incroyable. C'était comme si un défi leur avait été lancé dans le but de gagner la médaille réservée au plus sanguinaire. *Bain de sang* d'Albert Chassagne nous présente un théâtre d'horreur que même un auteur à l'imagination la plus morbide n'aurait pu concevoir. J'ai essayé de choisir et citer quelques paragraphes de cet ouvrage pour le lecteur, mais les épisodes de la pièce macabre se suivent sans intermède, sans interruption, et c'est tout le livre qu'il me faudrait donc citer sans savoir où m'arrêter. Alors, je me suis dit que je choisirais le paragraphe le plus horrible. Pas possible, parce qu'ils le sont tous dans cet ouvrage où tous les faits sont présentés et illustrés avec les moindres détails. Alors, j'ai donc finalement décidé de mettre sur la planche deux des acteurs principaux, José Borges, officier des Forces Armées d'Haïti et Gérard Brunache, macoute jérémien, en citant ou paraphrasant les mots de Chassagne. Voici donc le jérémien Gérard Brunache *qui plante un stylet dans le cœur de la petite Régine Sansaricq, 10 ans, après l'avoir enlevée des bras de sa mère. À côté de lui, José Borges prend dans ses bras, le sourire sur les lèvres, un bébé de deux ans, Stéphane Sansaricq qui demande à faire pipi ; il lui plonge sa*

cigarette dans les yeux en lui disant, 'ne pleure pas, viens que je t'essuie les yeux'. Mais il s'agit d'un duel de tortures que tous les deux veulent absolument gagner. Brunache revient donc à la charge, tire Stéphane des bras de Borges, *soulevant l'enfant par le bras, et lui enfonce son stylet dans le ventre.* Brunache veut s'assurer la victoire définitive et battre Borges sur le terrain de la cruauté dans cette orgie sanglante. Il remarque qu'on vient de tuer Lisa Villedrouin, 18 ans, il s'approche du cadavre et a *un geste impudique de la main, à l'endroit du corps de Lisa, puis se tournant vers ses coreligionnaires, il dit en ricanant : messieurs, elle était vierge !* Mais à l'étage, les assassins veulent aussi briller par leur violence morbide : Mme Chénier Villedrouin, 85 ans, percluse, *ne quittait plus le lit... L'infirme fut enveloppée dans un drap par des macoutes toujours avides de sang et basculée du balcon ...*
(Les mots en italiques sont de Chassagne).

Ce n'est pas encore la fin de ce théâtre meurtrier. Un autre acte allait être joué à Port-au-Prince. Après leur capture, Marcel Numa et Louis (Milou) Drouin furent conduits à Port-au-Prince, torturés, questionnés, et fusillés le 12 novembre 1964, en pleine rue, devant le cimetière. Duvalier exigea la présence des employés de l'État et des secteurs privés ; que les élèves de toutes les écoles, jardins d'enfants, primaire, secondaire, universités, soient conduits par leurs professeurs au lieu de l'exécution. Des orchestres populaires furent forcés de s'y rendre pour jouer de la musique dansante, des boissons gratuites furent distribuées, et la canaille partisane célébra la victoire de l'Hitlérisme duvaliérien sur les droits de l'homme, le respect de la vie humaine et les Commandements de Dieu. On ne détacha les cadavres des poteaux que plusieurs jours après quand ils étaient déjà en putréfaction. Ci-après, les photos de Marcel Numa, à gauche, et Louis (Milou) Drouin, à droite, aux piloris.

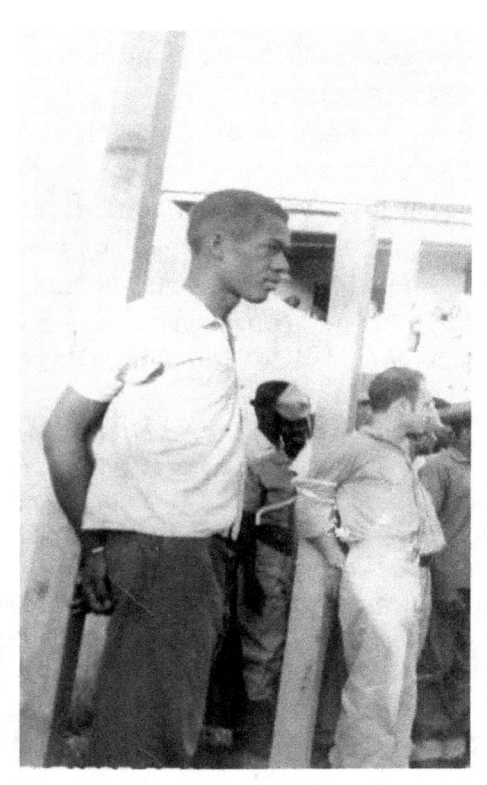

Coup de grâce à Marcel Numa

Que le lecteur veuille bien me permettre une note personnelle que j'aimerais être en même temps une pieuse et affectueuse pensée à la mémoire de Marcel Numa que j'ai connu gamin quand il se baladait sur le wharf de Jérémie. Plus de 50 ans après sa mort, les larmes me viennent encore aux yeux quand je pense à lui. Je passe la parole à mon ami Eddy Cavé, auteur de *De Mémoire de Jérémien* qui, lui aussi, était à cette époque un des gamins sur le quai, avec Numa, que je me faisais le plaisir de recevoir à bord de mon bateau des Garde-Côtes:

> À l'époque du cyclone Hazel, en 1954, le port de Jérémie recevait régulièrement la visite d'une frégate des Garde-Côtes qui était commandée par deux jeunes officiers formés au Venezuela, Gérard Férère et Jean-Claude Laporte. Deux hommes d'une ouverture d'esprit extraordinaire qui nous traitaient en jeunes adultes, nous faisaient visiter leur bateau et nous parlaient de navigation sans jamais se lasser.
>
> À l'époque, Marcel Numa qui avait seulement 10 ou 11 ans avait déjà succombé à l'appel du large et visitait souvent la frégate, bombardant les officiers de questions sur leur métier. Gérard avait un faible particulier pour lui et l'encouragea, sans doute sans le savoir, à opter pour ce métier.
>
> En vacances à Miami avec Cécil Philanthrope et Harry Loiseau au printemps 2004, nous passons un après-midi mémorable chez les époux Nancy et Gérard Férère. Nous parlons de tout et de rien ... Gérard avait gardé de cet adolescent turbulent et au regard pétillant d'intelligence qu'était Marcel Numa un souvenir mêlé d'émotion et d'admiration.

(Cavé 2009 : 221).

Voici la liste des victimes du génocide de Jérémie tirée de *Bain de Sang* de Chassagne. Le seul crime que Duvalier reprochait à ces hommes, femmes, enfants, nourrissons qui n'avaient rien à voir avec l'invasion de 'Jeune Haïti', c'est qu'ils étaient des mulâtres, comme jadis, les Juifs exterminés par Hitler parce qu'ils étaient Juifs. La famille Numa ne fut pas inquiétée.

Drouin, Louis, père
Drouin, Mme Louis
Drouin, Guy
Guilbaud, Gérard
Guilbaud, Mme Gérard
Laforest, Edith
Sansaricq, Pierre
Sansaricq, Mme Pierre, née Louise Laforêt
Sansaricq, Lily, dame infirme
Sansaricq, Jean-Claude, fils de Pierre et Louise
Sansaricq, Mme Jean-Claude, enceinte
Sansaricq, Jean-Pierre, 6 ans, fils de Jean-Claude
Sansaricq, Stéphane, 2 ans, fils de Jean-Claude
Sansaricq, Régine, 10 ans, fille de Jean-Claude
Sansaricq, Fred, fils de Pierre et Louise
Sansaricq, Hubert, fils de Pierre et Louise
Sansaricq, Pierre-Richard
Sansaricq, Reynold, fils de Pierre et Louise
Sansaricq, Marie-Catherine, 6 ans, fille de Pierre et Louise.
Villedrouin, Mme Chénier, 85 ans
Villedrouin, Victor
Villedrouin, Mme Victor, née Chassagne
Villedrouin, Fernande
Villedrouin, Guy
Villedrouin, Mme Guy, née Roselind Drouin
Villedrouin, Frantz, âgé de 16 ans
Villedrouin, Lisa, 18 ans

À ceux qui veulent avoir des informations détaillées au sujet de ce génocide, la lecture de *Bain de sang*, magistral et émouvant ouvrage du Dr. Albert Chassagne, est à recommander. Quelle meilleure façon de conclure ce récit que de citer le paragraphe suivant qui nous met en garde contre la cruauté du racisme. Il s'applique au génocide des Juifs par Adolphe Hitler, tout aussi bien qu'à celui de Jérémie par l'hitlérien François Duvalier :

> *Mais pareille haine déchaînée, incontrôlée, incontrôlable même, nous semble-t-il, ne s'est pas circonscrite à la clique duvaliéro-jérémienne; elle s'est manifestée ailleurs ... Certains ont eu même à dire :* « <u>*Dommage que Duvalier ne les ait pas tous achevés ; on n'a que faire du reste.*</u> » (C'est moi qui souligne).
> (Source : Albert Chassagne 1976/1999).

LE GÉNOCIDE ET LE MASSACRE DES HABITANTS DU VILLAGE DE CAZALE
Mars - Avril 1969

Principaux protagonistes : les Forces Armées d'Haïti et la milice macoute.

La tuerie de la population du village de Cazale situé non loin de la capitale rappelle le massacre des habitants de la région de Thiotte, mais elle fut, comme les Vêpres Jérémiennes un ignoble génocide, ayant été motivée par la présence d'un groupe d'étudiants et de jeunes intellectuels de gauche, membres du Parti Unifié des Communistes Haïtiens (PUCH) dont plusieurs avaient la peau claire à Cazale, où ils avaient pris refuge. Ce détail est particulièrement important pour la compréhension de l'événement en question. Parmi leurs leaders étaient Roger Méhu et Alex Lamaute. Leur appartenance au Parti Communiste n'était un secret pour personne. Menacés et à la veille d'être appréhendés, ils se refugièrent à Cazale. Pourquoi Cazale en particulier? C'est une bourgade habitée par des descendants des soldats polonais qui faisaient partie de l'expédition de Leclerc en 1802, mais qui s'étaient retournés contre les Français et avaient combattu à nos côtés pendant la Guerre de l'Indépendance. Ces jeunes à peau claire espéraient passer inaperçus dans cette population. Ils furent non seulement favorablement accueillis à Cazale, mais en plus, de nombreux citoyens et citoyennes de la ville adhérèrent au Parti. C'était sonner le glas de toute la population.

François Duvalier profita de l'occasion pour faire d'une pierre deux coups. En effet, ses sbires avaient un autre compte à régler avec certains locaux, à cause d'une rébellion fiscale selon laquelle ceux-ci refusaient de payer les impôts sur la vente de la production agricole à cause d'abus et de corruption dans leur perception. Il y eut une manifestation pendant laquelle le drapeau noir et rouge de François Duvalier fut descendu. Le 3 avril 1969, des macoutes envoyés de Port-au-Prince, envahirent la ville, assassinèrent des citoyens, violèrent des femmes, incendièrent des maisons. Le surlendemain, 5 avril, un bataillon de 500 hommes des Forces Armées secondé par des macoutes et des fillettes laleau débarqua dans la petite ville et massacra un grand nombre de personnes à la peau claire, et d'autres habitants, des douzaines de familles entières, hommes, femmes, enfants, comme à Port-au-Prince le 26 avril 1963, comme à Thiotte en juin-septembre 1964, comme à Jérémie en août 1964. Plusieurs victimes, dont Olive Eliazaire, furent enterrées vivantes. Les militaires et les macoutes pillèrent commerces et résidences et incendièrent virtuellement toute la ville. Il y eut des centaines de morts. Combien exactement ? On ne le saura jamais.

En 1986, après le renversement de Jean-Claude Duvalier, une stèle fut érigée à Cazale par les soins d'Haïtiens de la Diaspora originaires de cette ville, à la mémoire des victimes. La liste des noms sur le monument est certainement incomplète car ils ne sont que 23, parmi les centaines de massacrés. Mais il sert de pieux hommage à tous. On peut y lire les noms suivants : Jérémie Éliazaire, Olive Éliazaire, Antioch Benoît, Gadiner Benoît, Thomas Victomé, Théophile Victomé, Lefort Victomé, Christian Valmont, Benoît Philantus, Willy Joseph, Max Benoît, Mervius Pierre-Louis, Lamarre Saint-Germain, Diméus Inomé, Michel Pierre-Louis, Pierrisca Pierre, Bélizer Cajuste, Philippe Dulaurier, Élismé Elie, Louisjuste Isméo, Mme Lefort Victomé, Roger Méhu, Alix Lamaute.
(Source : Collectif contre l'impunité).

Stèle de Cazale
(Source photo: Collectif contre l'impunité, internet).

Depuis le retour de Jean-Claude Duvalier en Haïti où il a circulé librement et arrogamment jusqu'à sa mort sous la protection du gouvernement Martelly, les dinosaures et les néo-doctrinaires de l'Hitlérisme duvaliérien, avec une audace répugnante, un manque de pudeur, et une absence totale de remords, s'agitent pour faire renaître leur monstrueux régime. Haïtiens, nous devons tous nous tenir debout et combattre ce nouveau désastre qui nous menace, comme le font déjà des organisations telles que FOKAL, Devoir de Mémoire, et le 'Collectif contre l'impunité'. Ces organisations méritent l'appui de tout le peuple. Il faut absolument que les crimes contre l'humanité commis par les Duvalier et leurs acolytes soient punis. Ci-après la prise de position du 'Collectif' exprimée par sa coordinatrice, Mme Danielle Magloire :

> *Vingt-huit ans après cette victoire* (le renversement de J.C. Duvalier en 1986) *sur la terreur et l'obscurantisme, il faut à nouveau faire front pour contrecarrer le retour officiel du duvaliérisme et la volonté de garantir l'impunité à ceux qui ont imposé le silence et fait régner la peur, ceux-là mêmes qui ont sciemment organisé l'infernale machine á avilir, torturer, assassiner, violer, disparaître, exiler, déposséder, siphonner. On veut faire croire à la jeunesse d'aujourd'hui que la soi-disant révolution duvaliériste était porteuse de liberté, d'épanouissement et de progrès. On tente de travestir l'histoire en prétendant que ce régime – ancré dans l'arbitraire, la brutalité féroce, l'oppression, le culte de la personnalité, la domestication des institutions et la terreur – n'avait rien de particulier.*

Danielle Magloire, Coordinatrice du Collectif.
(Source : Internet).

TROIS EXÉCUTIONS DE RÉPUTÉS COMMUNISTES EN TROIS MOIS À FORT-DIMANCHE ET GANTHIER
14 avril, 29 juin, et 22 juillet 1969

Protagonistes : Les Forces Armées d'Haïti et la milice macoute.

C'est tous les jours qu'on tuait à Fort-Dimanche, mais quand il s'agissait d'exécutions de prisonniers considérés comme des personnalités politiques de gauche, le tyran les faisait revêtir d'éclats spéciaux et en profitait pour mettre en exergue sa banderole de soi-disant anti-communiste. Tel fut le cas de l'exécution publique du 14 avril 1969. Ce jour-là, une trentaine de membres du PUCH, Parti Unifié des Communistes Haïtiens, furent exécutés à l'extérieur des bâtiments de Fort-Dimanche. Cette tuerie fut suivie d'une vague de répression et d'assassinats particulièrement à Port-au-Prince et au Cap-Haïtien.

Deux mois plus tard, d'après ce que nous lisons dans *Fort-Dimanche Fort-la-Mort* :

> Le 29 juin 1969, cent-cinquante détenus politiques quittèrent le Fort en camion. Ils furent conduits de nuit à un lieu d'exécution, la tête recouverte de leur chemise ».

(Lemoine 1996 : 134-135).

Le mois suivant, le 22 juillet, des centaines de détenus de Fort-Dimanche furent conduits à Ti Tanyen, l'Auschwitz duvaliérien, tués et jetés dans une fosse commune qu'on les avait forcés à creuser eux-mêmes.
(Sources : Lemoine 1996 et Pierre-Charles 2000).

XI - MUTINERIE DES GARDE-CÔTES
24 avril 1970

Le 23 avril 1970, le colonel Octave Cayard, ami de Duvalier et Commandant des Garde-Côtes d'Haïti, pendant une conversation au Palais avec le Président, reçut l'ordre de livrer à une commission d'enquête les officiers Fritz Germain et Serge Denizard, accusés de comploter contre le gouvernement. Cayard offrit au Président de les amener personnellement le lendemain. Connaissant bien Duvalier, il flairait le danger, car bien que ne faisant pas partie du complot, il en avait eu vent. En outre, sachant que livrant les officiers à Duvalier signifiait leur exécution, il refusa d'obtempérer et décida, sans perdre de temps, d'organiser la mutinerie. Le lendemain 24 avril 1970, et non pas le 21 comme le prétend Prosper Avril qui essaye peut-être de respecter le fétichisme duvaliériste du 22, tôt dans la matinée, il rassembla les officiers présents et :

> *Il leur fit savoir qu'il avait reçu du Président Duvalier une liste de noms d'officiers du Corps à être livrés à la Commission d'enquête des Casernes Dessalines, et que loin d'exécuter cet ordre, il avait choisi d'entrer en rébellion.*
> (Avril 1997 : 161).

Avril qui ne s'est jamais repenti de son malsain duvaliérisme rapporte qu'il s'agissait d'un complot qui visait non pas à renverser François Duvalier, mais à se préparer à saisir le pouvoir au moment de sa mort qui, selon les nouvelles qui circulaient, était imminente. Ce jour-là, le Pays serait au milieu d'une crise constitutionnelle, car il n'y avait pas de procédures légales prévues pour la succession de la présidence à vie.

Équipage des Garde-Côtes
Devant, au milieu, le colonel Cayard

L'organisateur du complot était le colonel Kesner Blain. Plusieurs autres officiers, dont l'enseigne de vaisseau Fritz Germain en étaient des membres actifs. D'après ce que lui-même rapporte, le sous-lieutenant de vaisseau Fritz Denizard n'en faisait pas partie officiellement mais était au courant, ce qui de toute façon, sous Duvalier, était un crime si on ne dénonçait pas. Le bénéficiaire désigné : le banquier Clémard Joseph-Charles. Mis au courant du complot, le Président Duvalier ordonna l'arrestation de M. Charles, du colonel Blain et des officiers présumés complices. Une commission d'enquête fut chargée de mener les investigations.

Quand le colonel Cayard expliqua la situation à ses officiers et leur fit part de sa décision de ne pas obtempérer et d'entrer en rébellion, ils apprécièrent sa préoccupation et se mirent d'accord avec lui. Il paraît que préalablement, Cayard faisait déjà secrètement de l'opposition et avait pris contact avec certaines ambassades et des émissaires étrangers dont un attaché militaire américain et des commandants de postes de l'Armée qui lui avaient promis leur concours. De ces derniers, un seul aurait refusé, le général Gérard Constant, duvaliériste servile. Cayard trouva des raisons convaincantes pour faire monter à bord des *G.C. 10 J. J. Dessalines*, *G.C. 9 Vertières* et *G.C. 8 La Crête-à-Pierrot* tout le personnel qu'il put réunir, et les trois navires se dirigèrent vers la baie de Port-au-Prince d'où il ordonna la canonnade du palais et de Fort-Dimanche. Des obus tirés par le G.C. 10 commandé par le sous-lieutenant de vaisseau Serge Denizard atteignirent leurs objectifs. Prosper Avril prétend que Duvalier se trouvait au palais pendant la canonnade. D'après Denizard, ce n'est pas exact, le Président se trouvait plutôt à l'aéroport où il était allé accompagner sa fille qui partait. Des canons installés à Lamentin par l'armée de Duvalier essayèrent d'entrer en action contre les navires, mais leurs quelques boulets tombèrent dans la mer, et bientôt ils furent neutralisés par les obus du G.C. 10 de Denizard. D'après le duvaliériste Avril, des appareils du Corps d'Aviation survolèrent les navires et les criblèrent de balles : assertion fausse, le seul P-51 qui pouvait encore voler fit une passe et s'en alla. On rapporte que la population de Port-au-Prince semblait prête à gagner les rues, mais le support promis au colonel Cayard par certains secteurs du Pays et des étrangers ne se matérialisa pas. La malveillance de l'Ambassadeur américain Clinton Knox et le support qu'il procura à Duvalier jouèrent contre Cayard. Après trois jours de canonnades, sans ravitaillement, car il n'y avait que de l'eau à bord et pas de provisions alimentaires, le commandant sonna la retraite. La flottille prit le large vers Guantanamo où elle fut ravitaillée. De là, elle leva l'ancre vers Porto-Rico où les membres qui le voulaient purent solliciter l'asile politique. Ils le firent tous excepté un seul officier, Fritz Tippenhauer qui choisit de retourner en Haïti. (Sources : Avril 1997 et Serge Denizard, communication personnelle).

Frère de sang, frère de lutte
Souviens-toi et ne me frappe plus !
Regarde, regarde ce coin de terre meurtri,
C'est Haïti, notre Patrie.
Au-delà des rancœurs trop longtemps nourries
Aujourd'hui encore, unissons-nous, donnons-lui la vie.

Marie-José Alcide Saint-Lot

XII - DÉCÈS DE FRANÇOIS DUVALIER
21 avril 1971
ET PRÉSIDENCE DE JEAN-CLAUDE DUVALIER
22 avril 1971 - 7 février 1986

François Duvalier franchit l'Achéron le 21 avril 1971. Mais, dû à son fétichisme du nombre 22, ses proches gardèrent son décès secret jusqu'au lendemain. Certains croient que la mutinerie des Garde-Côtes, un an avant, précipita sa mort, vu l'état déjà précaire de sa santé. En janvier 1971, il solutionna à sa façon le problème constitutionnel de la présidence à vie. En effet, le 2 janvier, jour de la célébration de la Fête Nationale des Aïeux, il prononça un discours dont voici un extrait :

> Le temps venu, J'offrirai et Je proposerai un Leader. Il s'agira d'un Citoyen qui a pu suivre de près les affaires de Mon Gouvernement, que Je Me serai attaché à instruire des réalités de ce Pays, que J'aurai initié petit à petit au gouvernement de la chose publique ... Il sera assez lucide pour assumer la tâche au moment précis où J'aurai trébuché. En résumé, il sera capable d'assurer la pérennité de la Révolution aidé des forces saines et neuves de la nation.

François Duvalier   Jean-Claude Duvalier

Le message était clair. Il s'agissait de son fils Jean-Claude, un balourd qui n'avait jamais pu passer de vrais examens à l'école, âgé d'à peine 18 ou 19 ans. Mais il fallait que le Président, pour la façade, amende sa propre « Constitution de 1964 », ce qu'il fit rapidement. Pour la ratification du choix de son fils, Duvalier convoqua un referendum populaire pour le 31 janvier 1971, au cours duquel le peuple devait répondre « oui » ou « non » à la question posée :

> *Le citoyen-docteur François Duvalier, Président-à-vie de la République, ayant le droit, suivant les dispositions des Articles 100 et 101 de la Constitution de 1964 amendée, de désigner son Successeur, a fait choix du citoyen Jean-Claude Duvalier pour Lui succéder à la Présidence-à-Vie de la République. Ce choix répond-il à vos aspirations et desiderata ? Le ratifiez-vous ?*

Le résultat de ce referendum représente un record dans les annales électorales du monde entier: 2.391.916 « oui », 0 (zéro) non. Avant même sa tenue, il y eut dans les journaux, particulièrement dans *Le Nouveau Monde* dirigé par le duvaliériste Gérard de Catalogne, une avalanche de lettres et de déclarations, les unes plus adulatrices, plus basses que les autres. Elles répétaient les mêmes flatteries. Pour que le lecteur puisse en avoir une idée, j'ai choisi trois citations typiquement représentatives. La première est signée d'un certain « François R. Magloire, professeur-avocat ». Je veux attirer l'attention du lecteur sur l'initiale R, car il est fort probable qu'il y ait plusieurs François Magloire qui n'aimeraient pas qu'on les confonde avec celui-ci. La voici :

> *Quant au choix combien légitime fait par Votre Excellence de M. Jean-Claude Duvalier comme successeur, à n'en pas douter, votre choix qui est*

aussi le nôtre, sera justifié lorsque l'Histoire impartiale de demain, la Grande Histoire, baptisera son règne de « Siècle de Duvalier ».
François R. Magloire, professeur-avocat.
(*Le Nouveau Monde,* le 22 janvier 1971).

Les deuxième et troisième citations sont de l'adulateur Gérard de Catalogne, directeur du *Nouveau Monde*. Il commence par faire de François Duvalier l'égal de Dieu ; ensuite, il situe Jean-Claude Duvalier au-dessus du Fils de Dieu :

> *Ainsi, par analogie à l'Évangile de Jean, il est juste de dire : le docteur Duvalier a tant aimé son Pays et la jeunesse haïtienne qu'il leur a donné son Fils pour la continuité de son œuvre salvatrice.*

(*Le Nouveau Monde*, 4 février 1971).

> *Durant son enfance, Jésus-Christ lui-même jeta plus d'un dans l'étonnement à cause de sa connaissance étendue. Aujourd'hui, c'est le monde entier qui demeure étonné de la maîtrise et du sens de l'à propos du Président Jean-Claude Duvalier.*

(*Le Nouveau Monde*, 3 juillet 1972).

Pendant que la presse d'Haïti débordait de flatteries et de bassesses, celle de l'étranger n'était pas dupe et se moquait de lui à tous les carrefours :

Africasia, sous la plume de G. Lionnel :

> *Le fils du Président-à-Vie qui vient d'être désigné comme Président réunit tous les traits caractéristiques du play-boy et du tonton-macoute. À quatorze ans il tirait sur un officier de la garde présidentielle et le blessait à mort. Il a participé personnellement aux menues besognes de la torture des*

prisonniers politiques dans les souterrains du palais présidentiel. Se prévalant de son pouvoir absolu pour séduire des petites filles d'âge scolaire, il a également la réputation d'être un homosexuel précoce.

The National Observer du 12 mars 1971 :

Il a toujours passé ses examens, mais c'était parce que ses instructeurs avaient pitié. Pitié pour eux-mêmes, pas pour Jean-Claude.

Le Monde Diplomatique de décembre 1972:

Un balourd qui songe surtout à courir les filles et à conduire ses innombrables voitures de sport, une proie pour les requins de son entourage ...

ECCE HOMO NEANDERTHELENSIS
Jean-Claude Duvalier

CRIMES ET TUERIES DE JEAN-CLAUDE DUVALIER

Principaux protagonistes des tueries de Jean-Claude Duvalier particulièrement à Fort-Dimanche, le Dachau duvaliérien : les Forces Armées d'Haïti, la milice macoute, le ministre de l'Intérieur Luc François, les colonels Albert Pierre, Jean Thomas, Breton Claude, les majors Serge Coicou, et Acédius Saint-Louis, les capitaines Emmanuel Orcel et Jean-Joseph, le lieutenant Louis, l'adjudant Énos Saint-Pierre, le sergent Dessalines, le caporal Ali, M. Luc Désyr, Mme Max Adolphe.
(Source : Lemoine 1976).

Héritier de l'Hitlérisme de son père, le nazillon, aussi sanguinaire mais plus sournois, mit une sourdine à la publicité habituelle, avec tambour et trompette, qui accompagnait les atrocités de François Duvalier. Mais son armée, sa police, et ses macoutes continuèrent les emprisonnements, les tortures, les meurtres, et la même politique de terreur. Contrairement aux exécutions spectaculaires de son père, sa spécialisation était plutôt la mort lente en prison, particulièrement à Fort-Dimanche où il avait installé une équipe de bourreaux. On a rapporté que parmi ceux-ci, il y avait un nazi allemand expert en tortures, sorte de Josef Mengele duvaliérien. Une des meilleures sources d'information sur les crimes de Jean-Claude Duvalier est le magistral ouvrage de Patrick Lemoine, *Fort-Dimanche Fort-la-Mort,* chronique bien documentée des horreurs qu'il a vécues aux Casernes Dessalines et à Fort-Dimanche, depuis son arrestation en 1971, jusqu'à sa libération en décembre 1977, à la suite de la visite en Haïti de l'Ambassadeur Andrew Young, libération négociée à condition que lui et les autres prisonniers libérés partent tous pour l'exil. Ce livre est un réquisitoire qui, à lui seul, devrait suffire pour condamner Jean-Claude Duvalier et nombre de ses complices pour crimes contre l'humanité.

Lemoine se souvient du comité d'accueil qui les reçut, lui et ses camarades prisonniers à leur arrivée à Fort-Dimanche :

> *Nous arrivâmes devant Fort-Dimanche vers trois heures de l'après-midi ... Le personnel complet des 'croque-morts' nous attendait devant les marches de Fort-Dimanche. Le capitaine Jean-Joseph de la garde présidentielle, commandant de l'unité, les geôliers, le lieutenant Louis, le lieutenant Israël Delva, l'adjudant Énos Saint-Pierre, surnommé 'Plop Plop', le sergent Dessalines, le caporal Ali étaient là pour nous apprendre l'enfer sur terre.*
> (Lemoine 1996 : 99-100).

L'auteur identifie les interrogateurs à qui il dut répondre de temps à autre concernant des délits dont il ne savait rien mais se trouvait en quelque sorte accusé. Les voici : les colonels Breton Claude, Jean Thomas et Albert Pierre, les majors Serge Coicou et Acédius Saint-Louis, le capitaine Emmanuel Orcel, celui-ci particulièrement dur, tous aveuglément au service de la dictature.

Fort-Dimanche mérite bien le titre de Fort-la-Mort que Lemoine lui a donné. Rarement en sortaient ceux qui y entraient. Les cachots étaient des antichambres des tombeaux. Les décès quotidiens dus aux mauvais traitements étaient pour les geôliers un fait divers. C'étaient les prisonniers eux-mêmes qui, de leurs cellules, annonçaient le départ d'un ou de plusieurs des leurs, au cri de *'la mort, la mort'*. Les geôliers apparaissaient alors et emportaient les cadavres. Lemoine se souvient particulièrement de la date du 2 juin 1975 :

> *Le 2 juin fut une date tragique dans la vie du Fort. Durant une seule journée on enregistra neuf*

> *décès. Fritz Degazon mourut subitement. Après prières et chants, nous frappâmes à la porte en criant comme d'habitude : 'la mort, la mort'.*
(Lemoine 1996 : 159).

N'est-ce pas bien là l'équivalent des exécutions multiples de François Duvalier ? Un jour, un compagnon de cellule suggéra de cacher les morts et de retarder un peu le chant macabre *'la mort, la mort'*, de façon à pouvoir bénéficier de quelque nourriture en plus. De là, cette coutume s'étendit aux autres cellules.

Lemoine 1996 contient une liste partielle de prisonniers qui périrent à Fort-Dimanche de 1974 à 1977. D'un commun accord, lui et moi avons décidé de combiner sa liste et la mienne qui contient les noms de victimes de 1957 à 1986. Cette liste combinée commence à la page 183, au titre « L'Holocauste duvaliérien ». Les noms de la liste de Lemoine sont précédés d'un astérisque. Les deux listes ne peuvent être qu'incomplètes, comme Lemoine l'explique pour la sienne :

> *Avec l'aide d'anciens codétenus, j'ai essayé de reconstituer une liste de ceux qui ont péri à Fort-Dimanche de 1974 à 1977. Elle est malheureusement incomplète. La liste des disparus, avant mon arrivée au Fort est beaucoup trop longue, je ne tenterai même pas de citer quelques noms. Que les responsables la publient, et qu'ils émettent des certificats de décès. Qu'ils réparent - en partie - le mal causé aux familles des dizaines de milliers de disparus sous le régime infernal des Duvalier.*
(Lemoine 1996 : 271).

> *Encore un fusillé hier. L'assassinat est une plaie.*
> *On panse le meurtre par le meurtre.*
> (Victor Hugo).

RENVERSEMENT DE JEAN-CLAUDE DUVALIER

En janvier 1986, les pressions populaires faisaient pressentir la fin prochaine du régime. À ce moment-là, certains pensaient que les militaires allaient profiter des circonstances pour se racheter. Je lançai ce défi au général Pierre Merceron, ancien Chef d'État-Major des Forces Armées d' Haïti, alors Ministre de l'Intérieur et de la Défense Nationale de Jean-Claude Duvalier, donc supérieur civil des chefs militaires, dans une lettre datée du 11 janvier 1986 :

> *Monsieur le Ministre et Général,*
>
> *On raconte que quand vous étiez Chef d'État-Major des Forces Armées d'Haïti. François Duvalier vous invita un jour à assister aux tortures qu'il administrait personnellement à un certain prisonnier politique, et qu'à la vue de telles horreurs, vous auriez vomi. Duvalier à ce moment-là aurait dit de vous : « Li pa gen grenn ». Si cette histoire est vraie, elle est tout à votre honneur. Ce n'est pas le manque de cœur qu'exigeait de vous le tyran, mais il espérait trouver en vous la propension à la férocité.*
>
> *Aujourd'hui, vous vous trouvez une fois de plus au milieu d'événements qui menacent de plonger le Pays dans la violence et la terreur. Un communiqué émis par votre Ministère et reproduit dans les journaux des États-Unis, contient l'avertissement que vous avez lancé au Peuple haïtien, en ce qui concerne les mesures de répression que vous avez décidé de mettre en vigueur. Cependant les Haïtiens ont été assez patients, et il semble que la révolte, cette fois, ne peut être maîtrisée.*
>
> *Monsieur le Général, de grâce, ne devenez pas l'émule de ce même François Duvalier qui vous a fait vomir.*

Les manœuvres politiques du régime ont éliminé toutes les voies de succession que prévoyaient les Constitutions qui ont précédé la présidence à vie. L'Armée est la seule force haïtienne qui puisse nous éviter l'anarchie et un bain de sang. Comme officier de cette Armée, et par la force même des événements qui l'ont à nouveau mise sous votre commandement, vous avez l'opportunité et le devoir d'offrir à nos militaires l'occasion qu'il leur faut pour se racheter de leurs erreurs et tirer le Pays de l'impasse où il se trouve.

Vous êtes à un carrefour de l'Histoire où le chemin vous est grand ouvert. Ne refusez pas de jouer le rôle que la destinée qui vous y a placé vous impose.

Patriotiquement,

Gérard A. Férère, PH.D.
Président, Coalition for Haitian Concerns
Philadelphie

Merceron n'eut guère la décence et le simple bons sens de suivre l'exemple des rats au moment d'un naufrage. Il resta fidèle à son nazillon. Les Forces Armées macoutisées d'Haïti sous le commandement du Chef d'Etat-Major Henri Namphy prirent le pouvoir à la chute de Jean-Claude Duvalier le 7 février 1986. Avec elles continuèrent les arrestations, emprisonnements, intimidations, tortures, bains de sang, et le Pays se vit livré à la tyrannie des généraux formés à l'école des S.S. des Duvalier : Henri Namphy, Proper Avril, et Raoul Cédras.

Ejusdem farinae ! Plus ça change, plus c'est la même chose.

Le pouvoir du sang fut le pouvoir de Duvalier. Le prix du sang payé par la nation tout entière, et la douleur subie par tant de familles, durant ces treize années et demie de barbarie et de cauchemar, ne peuvent être évalués et mesurés et encore moins exprimés dans une langue humaine.
(Diederich 2005 : 397).

XIII - DICTATURES MILITAIRES APRÈS J.C. DUVALIER

GÉNÉRAUX HENRI NAMPHY, PROSPER AVRIL, RAOUL CÉDRAS
MASSACRES PAR LES DICTATEURS MILITAIRES

Il n'est pas dans les plans de cet ouvrage de présenter un compte-rendu détaillé des actions néfastes des militaires qui succédèrent à Jean-Claude Duvalier. Suffise de dire que, S.S. bien endoctrinés dans l'Hitlérisme duvaliérien, ils mirent en pratique les leçons bien apprises de leur mentor.

Général Henri Namphy

Le général Henri Namphy servit la dictature des Duvalier pendant 29 ans. Il fut Président de la Junte qui succéda à Jean-Claude Duvalier du 7 février 1986 au 7 février 1988. Il n'attendit pas longtemps avant de dévoiler l'orientation criminelle qui allait caractériser son gouvernement. En effet, le 26 avril 1986, tout juste deux mois et demi après le renversement de Jean-Claude Duvalier, il y eut une manifestation pacifique organisée par la 'Ligue des Anciens Prisonniers Politiques' pour commémorer la mémoire des massacrés du 26 avril 1963. De leur point de départ devant l'église du Sacré-Cœur de Turgeau, les manifestants se dirigèrent vers l'infâme prison de Fort-Dimanche. C'était pour être accueillis à leur arrivée par les mitraillettes de la soldatesque d'Henri Namphy. Sans être provoqués, ces barbares tirèrent sur la foule causant un grand nombre de blessés et environ une douzaine de morts. Parmi ceux-ci : Wilson Micaisse, 16 ans, Wilson Auguste, 18 ans, Fred Coriolan, 27 ans, Yves Érié, 29 ans, Jackson Row, 29 ans.

Namphy n'allait pas s'arrêter à ce premier massacre. En novembre 1987, à l'occasion d'élections que lui-même il avait décrétées, un grand nombre de votants furent attaqués et tués ou blessés par des agents des Forces Armées d'Haïti et des civils duvaliéristes armés, pendant qu'ils se rendaient aux urnes. Entre le 7 février et le 19 juin 1988, il y eut la courte présidence de M. Leslie Manigat qui fut bientôt renversé le 19 juin par le général Namphy qui reprit le pouvoir jusqu'à son propre renversement par le colonel Prosper Avril le 18 septembre 1988.

Général Prosper Avril

Le colonel Prosper Avril servit la dictature des Duvalier de 1959 à 1986. Le 18 septembre 1988 il renversa le général Namphy et garda le pouvoir avec le grade de général et le titre de président qu'il s'était arrogés, jusqu'au 10 mars 1990, quand il fut forcé de démissionner. Le pouvoir échut de facto, sans titre exécutif pendant deux jours, au général Hérard Abraham, jusqu'à la prestation de serment de l'Honorable Juge Herta Pascal Trouillot comme Présidente provisoire. Voici la présentation que nous fait l'écrivain Robert Berrouet-Oriol du général Avril :

> Il a illégalement occupé la fonction présidentielle à la suite d'un sanglant coup d'État contre son collègue des Forces armées d'Haïti, le criminel mercenaire Henry Namphy qui, lui, avait fait main basse sur le mouvement démocratique à la chute du nazillon Jean Claude Duvalier en 1986. La vérité historique et la mémoire populaire ont bien noté que le putschiste Prosper Avril a énormément de sang sur les mains, il a été l'un des cerveaux et l'un des commanditaires de l'horrible massacre du 29 novembre 1987 à la ruelle Vaillant, à Port-au-Prince, massacre au cours duquel l'Armée d'Haïti flanquée de ses zélés mercenaires « attachés », débris épars des VSN (volontaires de la sécurité nationale, les tontons macoutes), a brutalement mis fin à l'élection de 1987.

(Berrouet-Oriol 2014).

Le 16 décembre 1990, la Présidente provisoire Hertha Pascal Trouillot organisa des élections honnêtes, et le prêtre Jean-Bertrand Aristide fut élu. Celui-ci prêta serment le 7 février 1991. Il fut renversé sept mois plus tard, le 30 septembre, par le général Raoul Cédras, Chef d'État-Major. Après avoir renversé le Président Aristide, Raoul Cédras, porteur d'un nom et d'un prénom qui rappellent le génocide de Jérémie, produit pur-sang de l'Hitlérisme duvaliérien procéda au massacre d'un nombre incalculable d'aristidiens dans les taudis de La Saline, Cité Soleil, Bel-Air, Croix-des Bossales, etc., pareil à celui des fignolistes par Kébreau en 1957.

*Général Raoul Cédras
Chef d'État-Major 1991-1994*

Après le renversement du Président Jean-Bertrand Aristide en septembre 1991, le général Cédras devint Chef d'État de facto sans en porter le titre. En avril 1994, sous son égide, eut lieu le massacre des habitants de Raboteau, un grand quartier des Gonaïves, dont voici un récit par *Wikipedia* :

> *Au cours de la dictature, les citoyens de Raboteau organisaient des manifestations, cachaient les fugitifs et distribuaient de la propagande pro-Aristide. Le 22 avril, les autorités militaires sont allées de maison en maison pour terroriser les citoyens de Raboteau. Ceux qui sont restés ont été arrêtés, battus, ou noyés dans les égouts à ciel ouvert. Ceux qui ont fui ont été traqués, arrêtés, torturés ou tués. L'attaque a continué sur l'eau lorsque les assaillants ont réquisitionné les bateaux de pêche pour tirer à vue les personnes fuyant sur la mer.*
> (Wikipedia, l'encyclopédie libre. Internet).

À l'instar des tueries de François et Jean-Claude Duvalier, on ne saura jamais le nombre exact des victimes de Raboteau. On estime qu'il y aurait eu environ 50 cadavres identifiés dans le village, mais il y eut aussi des noyés dans la mer. Cédras resta au pouvoir jusqu'au 10 octobre 1994, quand il fut forcé de s'en aller sous la menace d'une invasion militaire par le Président Bill Clinton. Théoriquement, l'invasion contre Cédras n'eut pas lieu, mais les américains occupèrent quand même le Pays pour restaurer le Président Aristide au pouvoir.

En 2000, sous la Présidence de M. René Préval, un jugement eut lieu dans les tribunaux des Gonaïves au cours duquel 59 personnes furent mises en accusation pour le massacre de Raboteau, dont 37 furent jugées par contumace parce qu'on ne pouvait les trouver. Dans ce dernier groupe étaient les accusés les plus importants : le général Raoul Cédras, le colonel Carl Dorélien, M. Emmanuel Constant, dit Toto, fils du général macoute Gérard Constant et chef d'une escouade de terroristes et de tueurs au service de la dictature de Cédras connue sous le nom de FRAPH, M. Louis-Jodel Chamblain, membre du FRAPH. Le général Cédras fut condamné à la prison à perpétuité, une peine qu'il ne purgera jamais puisqu'il se trouve à l'étranger.

Revenu au pouvoir en octobre 1994 au départ du général Raoul Cédras, le Président Jean-Bertrand Aristide procéda immédiatement à la réduction de l'effectif des Forces Armées d'Haïti. En décembre, elles n'avaient plus que 1500 membres. Mais la vraie intention du Chef de l'État était de la dissoudre entièrement, car il la considérait avec raison comme une source d'instabilité politique. Il décida de la remplacer par la Police Nationale prévue par la Constitution de 1987. En décembre 1994, les 1500 membres des Forces Armées d'Haïti qui restaient furent transférés à ce nouveau Corps.

OÙ SONT LES ANCIENS DICTATEURS MILITAIRES ?
OÙ EST JEAN-CLAUDE DUVALIER?

2017 : le général Namphy vit en République Dominicaine depuis son départ d'Haïti en 1988. Le général Cédras habite le Panama. Le général Avril est en Haïti où il fait partie de la clique des dinosaures duvaliériens qui agissent librement, en vue de leur retour au pouvoir.

En 2011, Jean-Claude Duvalier, divorcé de sa femelle Michèle Bennett, est revenu en Haïti où il a vécu confortablement jusqu'à sa mort en 2014 avec une concubine, une femelle française nommée Véronique Roy, certes pas parente aux Roy haïtiens. Il s'est comporté avec arrogance sans être pour le moindre inquiété. En effet, toutes les actions légales entreprises pour le juger pour ses crimes contre l'humanité et ses vols se sont heurtées à des procédures obstructionnistes sanctionnées, sans honte, sans pudeur, par le gouvernement Martelly qui le comblait d'attentions et d'honneurs. M. Duvalier a

Président Michel Martelly   M. Jean-Claude Duvalier

même eu l'audace de fonder un parti politique arborant le drapeau noir et rouge encore tout ruisselant du sang des milliers de tués. Mais une telle audace ne reposait sur aucune reconnaissance populaire, seulement sur le support du Gouvernement Martelly.

XIV - LISTE DE NOMS CITÉS

GROUPE I

Les kidnappeurs du Président Fignolé, 114-115.
Les massacreurs des fignolistes, 125.
Officiers limogés par F. Duvalier, Titre IX : 132-133.
Les officiers tués par F. Duvalier, Titre IX : 133-136.
Les victimes du 26 avril 1963, Titre X : 139-141.
Les héros de Jeune Haïti, 144-145.
Les victimes de Jérémie, Titre X : 149.
Les victimes de Cazale, Titre X : 152.

GROUPE II.

Les dirigeants.

Président Paul Eugène Magloire, Titre I : 29-56.
Général Léon Cantave, Titres II à VII : 57-106.
Président Joseph Nemours Pierre-Louis, Titre III : 61-66.
Président Franck Sylvain, Titre IV : 67-75.
Conseil Exécutif de Gouvernement, Titre V : 77-106.
Général Antonio Th. Kébreau, Titres VII et VIII : 107-130.
Président Daniel Fignolé, Titre VII : 107-122.
Conseil Militaire de Gouvernement, Titre VIII : 123-130.
Président François Duvalier, Titre IX : 131-161.
Président Jean-Claude Duvalier, Titre XI : 161-166.
Les généraux Namphy, Avril, et Cédras, Titre XII : 169-174.

GROUPE III

Noms cités dans le texte.
Ne sont pas répétés ici bon nombre de noms déjà inclus dans les Groupes I et II.
Abraham, Hérard, général, 170.
Adolphe, Mme Max, chef sanguinaire des fillettes laleau, 163.
Alcindor, Maurepas, colonel, 124.
Aristide, Jean-Bertrand, Président, 28, 170 - 172, 219.
Armand, Pierre, colonel, 46, 56 - 59, 61 - 64, 67- 69, 80 – 90 ; 90-106 ; 110-113, 125.
Arty, Frédéric Marc, colonel duvaliériste, 21, 24, 26, 139.
Audain, Julio Jean-Pierre, candidat à la présidence, 63, 65, 78.
Auguste, Maurepas, lieutenant, 53, 58, 60, 61, 63, 68, 69, 74, 78, 92-94, 99, 100, 105.
Augustin, Bernardin, colonel, 40, 42.
Augustin, Lanore, lieutenant, 43. 44.
Augustin, Rémy, premier évêque haïtien, 105.
Bajeux, Jean-Claude, 236.
Barau, Rodolphe, Juge en Cassation, 29, 37, 39.
Barbot, Clément, duvaliériste notoire, chef sanguinaire des Tontons Macoutes, 67, 138, 186, 221, 236, 238.
Barbudos, offciers cubains, 24.
Bayard, Franck, colonel, 113.
Bayard, Georges, capitaine de vaisseau, 18, 20, 103.
Bazelais, Max, capitaine, 44.
Bazile, Robert, lieutenant-commandant, 20, 63, 91, 104, 105.
Beauvoir, Daniel, colonel duvaliériste, 54, 59, 93-95, 114, 115.
Beauvoir, Franck, colonel duvaliériste, 59, 114, 131.
Beauvoir, John, lieutenant duvaliériste 25, 43, 59, 101, 114, 125.
Benoît, Joseph, Juge en Cassation, 82, 138.
Bernard, Léonce, ministre, 84, 85, 91.
Berrouet-Oriol, Robert, écrivain, 170.
Blacque, Attaché Commercial des États-Unis, 27, 28.

Blain, Kesner, colonel duvaliériste, 156.
Blanchet, Adrien, lieutenant, 58.
Blanchet, Victor fils, capitaine, 113.
Bolté, Max, ministre, 62, 82, 84, 86, 91.
Boncy, Franck, Juge en Cassation, 82.
Borno, Louis, Président, 30.
Boucicaut, Jean-René, général duvaliériste, 21, 54, 55.
Boyer, Gérard, 237-240.
Bruny, Emmanuel, ministre, 108, 197.
Burt, Al, écrivain, 70, 197.
Buteau, Edgar, colonel, 113.
Carrié, Félix, Juge en Cassation, 82.
Cassagnol, Paul, ministre, 44, 62.
Castan, Agrève, capitaine, 101.
Castro, Fidel and Raúl 145.
Cavé, Eddy, écrivain, 48.
Cayard, Octave, colonel, 60, 155-157.
César, Luckner, comptable des GCDH, 21.
Chamblain, Louis-Jodel, membre de FRAPH, 172.
Champagne, Fred, médecin, 9, 13.
Charlier, Étienne, journaliste, 71.
Chassagne, Albert, écrivain, 50, 144-146, 150.
Châtelain, Yrech, Juge en Cassation, 82.
Chauvet, Lucien, duvaliériste notoire, 45,46, 97, 108.
Che Guevara, 145.
Cinéas, Fritz, duvaliériste notoire, 67, 71, 74.
Cinéas, Jean-Baptiste, Juge en Cassation, 61, 64-66, 71, 82.
Claude, Breton, colonel duvaliériste, 163.
Claude, prêtre de Saint-Martial, 236.
Clermont, Henri, colonel, 43, 44.
Clérié, Guy, capitaine, 118.
Coicou, Serge, major duvaliériste, 163.
Collectif contre l'impunité, 152, 153.
Colon, Fréhel Andral, lieutenant, 69 - 71.
Condé, Amerlin, député déjoieiste, 129.

Constant, Emmanuel, chef de FRAPH, 172.
Constant, Dr., médecin militaire, frère du général, 23.
Constant, Gérard, général duvaliériste, 23, 24, 54, 55, 60, 74, 157, 172.
Conte, Michel, lieutenant, 69-71.
Corvington, Max, capitaine, 21.
Corvington, Paul, major, 40, 113.
Damas, compagnon d'Hector Riobé, 236, 238.
Danache, Ernest, ministre, 97, 108.
David, Bito, écrivain, 9.
Davis, Roy Tasco, Ambassadeur des États-Unis, 45.
Day, Edner, duvaliériste notoire, 97, 108,
De Catalogne, Gérard, journaliste, 160, 161.
Déjoie, Louis, sénateur, candidat à la présidence29, 31, 39, 60, 63, 65, 66, 71, 77, 78, 81, 96, 128, 129.
Delince, Kern, colonel, 26, 139.
Denis, Ady, 43.
Denizard, Serge, lieutenant, 155-157.
Dennery, Donatien, lieutenant, 91, 101, 102.
Désyr, Luc, duvaliériste notoire, 163.
Desrivières, Michel, lieutenant, 91, 101.
Diederich, Bernard, écrivain, 39, 70, 71.
Dominique, Max, colonel duvaliériste, 21, 115, 125, 136, 138, 139.
Dominique, Philippe, lieutenant, héros du 28 juillet 1958, 22, 55, 92, 105, 113.
Dorsainvil, Roger, écrivain, ancien duvaliériste, 97.
Douyon, Adrien, Juge en Cassation, 82.
Drouin, Louis (Milou), héros de Jeune Haïti, 145, 146, 147.
Ducheine, Évariste, colonel, 45, 53.
Duperval, Deslandes, colonel duvaliériste, 115, 125.
Dupuy, Charles, écrivain, 51.
Duvalier, Duval, père de François Duvalier, Juge de Paix, 70.
Duvalier, Marie-Denise, 136.
Estimé, Dumarsais, Président, 118-121.

Estimé, Lucienne, 119-121.
Fareau, André, capitaine duvaliériste, 23, 55, 59, 67, 73, 91, 101, 104, 105, 114, 124, 131.
Fauché, Auguste, ministre, 78
Férère, Alphonse, 11, 226.
Férère, Gérard, 13, 14, 21, 25, 132, 148, 166, 226.
Férère, Magali, 4, 7, 9.
Férère, Nancy, 4, 7, 9, 16, 25- 27, 48, 122, 148, 233-238.
Férère, Rachel, 7.
Fignolé, Daniel, Président, 29, 31, 39, 44, 59, 63, 65, 68, 71, 75, 77, 78, 81, 82, 85, 91, 92, 97, 98.
Firmin, Anténor, écrivain, 55.
Flambert, Maurice, général duvaliériste, 20, 24, 25, 59, 119, 120, 131.
FOKAL, 153.
Fombrun, Charles, sénateur, 61, 62.
Fombrun, Lionel, lieutenant, 19.
Fourcand, Jacques, duvaliériste notoire, 156.
Fournier, Fortuné, Juge de Paix, 70.
Francis, Daniel, duvaliériste notoire, 67-69, 71, 74.
François, Luc, ministre duvaliériste, 163.
FRAPH, organisation terroriste, 172.
Fuentes, Temistocles, mercenaire cubain, 67, 71, 74.
Gateau, Jean, lieutenant, 51.
Gauthier, Antoine, lieutenant, 42.
Germain, Fritz, lieutenant, 155.
Goban, Joseph, colonel duvaliériste, 18, 20-25.
Gourgues, Gérard, lieutenant, 95.
Guillod, Édouard, lieutenant duvaliériste, 26.
Gaetjens, Joe, footballeur, 137.
Haspil, Pierre, colonel, 47, 63, 77, 113.
Hérard, Antoine, duvaliériste notoire, 73.
Honorat, Lionel, colonel, 26, 139.
Hudicourt, Jean-Pierre, 236-238.
Jacques, Gracia, général duvaliériste, 135.

Janvier, Louis-Joseph, écrivain, 220.
Jean, Alix, lieutenant, 43, 44.
Joseph Charles, Clémard, banquier, 156.
Jumelle, Clément, candidat à la présidence, 29 -31, 62, 63, 65, 68, 71, 78, 91, 96, 97, 108, 114, 128.
Kernizan, André, lieutenant, 20-22, 24.
Knox, Clinton, Ambassadeur des États-Unis, 157.
Lafontant, Raymond, lieutenant, 18, 20, 24, 70, 93-95, 103.
Laforêt, René, Préfet de Port-au-Prince, 108.
Lahens, Alphonse, 67, 71.
Lamaute, Alex, membre de PUCH, 150, 152.
Lamothe, Seymour, ministre, 97, 108.
Laporte, Jean-Claude, lieutenant, 21, 24, 101, 130, 148.
Laraque, Franck, lieutenant, 60, 92, 93, 217.
Laraque, Paul, colonel, 23, 25, 54.
Laroche, Jacques, colonel duvaliériste, 18, 25, 55, 59, 105.
Laurenceau, Max, colonel, 20.
Lavaud, Franck, général, 118.
Lescot, Elie, Président, 19, 30.
Lescot, Mme Elie, 19.
Lespinasse, Lucien, capitaine, 101, 113.
Lespinasse, soldat, 91, 101.
Magloire, Danielle, 153.
Magloire, François R., 160.
Magloire, Ludovic, 82.
Maître, Eloïs, duvaliériste notoire, 67, 75.
Mangonès, Gaston, lieutenant, 22, 23.
Mangonès, Lucien, lieutenant-commandant, 113.
Manigat, Max, écrivain, professeur, 51.
Manigat, Leslie, Président, 169.
Marec, prêtre catholique, 84, 86.
Martelly, Michel, Président, 153, 173.
Martin, Maurice, lieutenant, 42.
Mathieu, Joseph, 51.
Maule, Robert, Consul des États-Unis, 27, 28, 234.

Maximilien, Louis, colonel, médecin, 113.
Méhu, Roger, membre du PUCH, 150, 152,
Merceron, Pierre, général duvaliériste, 24, 25, 54, 55, 59, 67, 72, 74, 114, 166.
Mercier, Edwig, 89, 113.
Multidor, Antoine, colonel, 23.
Nelson, Edner, lieutenant duvaliériste, 59.
Nicolas, Frantz, 43.
Numa, Marcel, héros de Jeune Haïti, 11, 144-149.
Occénad, Albert, écrivain, 45, 52, 118, 119, 127.
Orcel, Emmanuel, colonel duvaliériste, 163.
Pasquet, Alix, lieutenant, héros du 28 juillet 1958, 22, 55, 92-95, 104-106, 113.
Paul, Franck, diplomate, 125.
Perpignand, Henri, héros du 28 juillet 1958, 22, 55, 105.
Pierre, Albert, colonel duvaliériste, 163.
Pierre, Pressoir, capitaine duvaliériste, 53, 54, 72-75, 96, 100, 106, 110, 111, 114-118, 124, 127-131.
Pierre-Paul, Antoine, ministre, 82.
Pierre-Paul, Edmond, avocat, 79.
Piquion, Henri, écrivain, 50, 52
Poirier, François, Archevêque de Port-au-Prince, 106.
Poitevien, Albert, colonel duvaliériste, 18, 54.
Porter, Robin, Consul des États-Unis, 27.
Prophète, Jean, écrivain, 50, 52.
Prosper, Lecestre, capitaine duvaliériste, 96.
Prosper, Marcaisse, colonel, 119, 121.
PUCH, 150, 151, 154.
Raymond, Claude, général duvaliériste, 25, 58, 59, 114, 125, 135.
Rey, Ernst, capitaine duvaliériste, 59.
Rigal, Antoine, avocat, 83.
Riobé, André, 235.
Riobé, Hector, 235-238.
Robin, Marcel, ministre, 62.

Rodríguez, Ambassadeur de Cuba, 24.
Romain, Franck, colonel duvaliériste, 24, 25, 114, 125.
Roumain, Louis, général, 23, 124.
Sabalat, Ernest, avocat, 79.
Saint-Lôt, Émile, ministre, 61, 97, 108.
Saint-Lôt, Marie-José, écrivain, 158.
Saint-Louis, Acédius, colonel duvaliériste, 163.
Salomon, Lysius, Président, 127.
Salomon, René, candidat à la présidence, 78.
Séraphin, Franck, député, 127, 129.
Suréna, Astrel, lieutenant, 101.
Sylvain, Franck, Président, 61, 63, 65, 66.
Tassy, Jean, capitaine duvaliériste, 24, 25, 135, 137.
Thomas, Charles, diplomate américain, 27.
Thomas, Jean, lieutenant, 163.
Timothée, colonel, médecin de l'Armée d'Haïti, 23.
Titus, Laborde, capitaine, médecin de l'Armée, 22, 23.
Turnier, Charles, colonel, 26, 106, 139.
Turnier, Jean-Claude, 142-143, 236-237.
Turnier, Luc, 43.
Turnier, Weber, 234, 237-238.
Turnier, Leslie, 234.
Turnier, Wilhelm (Wilo), 11, 234, 236-239.
Vaval, Marcel, 62.
Vertus, Pierre, colonel, 62, 77, 87, 97, 98, 113.
Viau, Alfred, candidat à la présidence, 63.
Vilgrain, Lélio, Juge en Cassation, 29, 37, 38.
Villedrouin, Roger, colonel, 62, 63, 77, 89, 113.
Vincent, Sténio, Président, 22, 30.
Young, Andrew, diplomate américain, 163.
Wolf, Hans, lieutenant, 91, 101, 102.

XV - L'HOLOCAUSTE DUVALIÉRIEN

LISTE PARTIELLE DES PERSONNES ASSASSINÉES, EXÉCUTÉES, DISPARUES DE 1957 À 1986

La liste des immolés au pilori des Duvalier ne sera jamais complète, car on les compte par dizaines de milliers ceux à qui ces deux barbares ont fauché la vie. En plus des nombreuses tueries publiques, des milliers d'exécutions privées et de décès dus aux mauvais traitements eurent lieu dans les prisons et lieux de détention connus, mais il y eut aussi des exécutions personnelles par des macoutes, des fillettes laleau, ou des militaires qui avaient le pouvoir d'y procéder, pourvu que ce fût au nom des Duvalier qui les avalisaient d'avance.

Le nombre total des victimes ne sera jamais connu. D'après *Wikipedia,* il faut en compter 30,000 ; d'après Patrick Lemoine : 40,000. On n'aura jamais la liste complète des massacrés de Port-au-Prince, Jérémie, Cazale, Thiotte, Mapou, Cap-Haïtien, des tués au « Triangle de la mort » (Claude Rosier): Police de Port-au-Prince/Fort-Dimanche/Pénitencier national ; au Palais National, aux Casernes Dessalines, en province, dans les prisons privées, etc. Au « Triangle de la mort », il faut ajouter Ti Tanyen, l'Auschwitz duvaliérien. De toute façon, il ne fallait pas s'attendre à ce qu'un gouvernement qui tuait maintienne des registres de décès. Mais faisons une simple projection statistique. Le lecteur se rappellera le chiffre de 9 décès en un jour à Fort-Dimanche rapporté par Lemoine. En plus de ces 9, il y eut certainement autre part, le même jour, des morts dont le régime était responsable. Rien que pour cette statistique imaginaire, considérons une moyenne de seulement 4 par jour de tués, morts en prison à la suite de mauvais traitements, etc., pendant les 10,300 jours environ de la dictature, ceci nous donne le chiffre de 41.200, d'accord avec Lemoine. Et ceux qui ont connu l'Hitlérisme duvaliérien vous diront que cette moyenne supposée de 4 par jour est ridiculement basse.

Rappelons que dans la liste partielle que j'ai compilée pendant des années sont inclus, d'un commun accord, les 142 noms de Lemoine 1996 qui couvre trois années de la présidence de Jean-Claude Duvalier de 1974 à 1977. Les noms compilés par Lemoine sont marqués d'un astérisque. La mienne commence avec Kébreau en 1957. La liste ci-après est plus complète que celle des éditions précédentes de cet ouvrage.

Abbes García, Johnny, ancien chef des services secrets dominicains, tué avec sa femme et ses enfants en avril 1967.
* Abélard, Ézéchiel, journaliste, mort en prison à Fort-Dimanche dans la cellule # 6 en septembre 1976.
Aflax, André.
Albéric, Toto.
Alcéna, Joseph, l'un des officiers exécuté par F. Duvalier personnellement à Fort-Dimanche le 8 juin 1964.
Alcinor, Rossini.
Alerte, Loggy.
Alexandre, Cornélia.
Alexandre, Marc.
Alexandre, Renaud
Alexandre, Fritz.
* Alexandre, Jean-Claude, éducateur mort en prison dans la cellule # 7 à Fort-Dimanche en 1975.
Alexandre, Joseph, mort en prison dans la cellule # 3 à Fort-Dimanche en 1975.
Alexis, Jacques, écrivain, leader du PEP, tué vers fin avril 1961, après son retour clandestin en Haïti.

Alfred, Serge.
Alticy, Renaud.
Ambroise, Charles.
Ambroise, J. J. Dessalines, éducateur, leader du PPLN, torturé et tué fin juillet 1988, ainsi que sa compagne, Lucette Lafontant.
Ambroise, Mme J. J. Dessalines, tuée fin juillet 1966.
* André, Marcus, éducateur, mort en prison dans la cellule #2 à Fort-Dimanche le 25 février 1975.
André, Mérès.
André, Saintalbert.
Andris, Jérôme.
Andris, Michel.
* Anibot, Masséna, mort en prison dans la cellule # 8 à Fort-Dimanche en août 1976.
Anthony, Robert.
Antoine, Fax.
Antoine, Gesner.
Antoine, Guy.
Antoine, Jules.
Antoine, Joseph.
Arboite, Michel.
* Archade, Robert, mort en prison dans la cellule # 7 à Fort-Dimanche en 1975.
Arlet, Frédéric.
Armand, Benoît, avocat, assassiné le 26 avril 1963, son prénom 'Benoît' ayant été confondu avec le nom de famille du lieutenant François Benoît.
Armand, Max, membre du Groupe 'Jeune Haïti', mort héroïque à Pic Forman en septembre 1964.
Armand, Jacques, membre du Groupe 'Jeune Haïti', mort héroïque à Pic Forman en septembre 1964.
Arnoux, Rébecca, morte en prison dans la cellule # 3 le 10 octobre 1972.
Atisné, Joseph.

Aubourg, Édouard.
Auguste, Wilson, étudiant, 18 ans, assassiné le 26 avril 1963.
* Augustère, poète, mort en prison dans la cellule # 1 en 1973.
Augustin, Pierre.
* Augustin, Gérard, sociologue, mort en prison dans la cellule # 1 à Fort-Dimanche le 19 septembre 1971.
Austin, Rodrigue.
Austin, Rogers.
Avril : le 26 avril 1963, des centaines d'anciens officiers et de civils ont été assassinés après la tentative de Clément Barbot d'abattre ou de kidnapper les enfants de Duvalier, tentative faussement attribuée initialement au lieutenant Benoît.
Badette, Laurette.
Bafard, Henri, mort en prison dans la cellule # 4 en Janvier 1973.
Bain, Alex.
Bajeux, Albert.
Bajeux, Anne-Marie.
Bajeux, Guy, syndicaliste de l'intersyndicale de la minoterie.
Bajeux, Lise, Mme Montas
Bajeux, Maxime.
Bajeux, Micheline.
Bajeux, Mme Gaston.
Bajeux, Lise, Mme Montas.
Balu, Etienne.
Bance, Lionel.
* Bano, Julien, mort en prison dans la cellule # 1 à Fort-Dimanche en 1975.
Baptistain, Hora, mort en prison dans la cellule # 3 en février 1973.
Baptiste, Renel.
Baptiste, Constant.
Baptiste, Josette.

* Baptiste, Renel, mort en prison dans la cellule # 1 à Fort-Dimanche le 19 juillet 1976.
* Baptiste, Fred, mort en prison dans la cellule # 1 à Fort-Dimanche le 16 juin 1974.

Barberousse, Elysée.
Barbot, Clément, duvaliériste notoire tué à Cazeau le 14 juillet 1963.
Barbot, Ernest, frère de Clément, tué le 14juillet 1963.
Barbot, Harry, frère de Clément, tué le 14 juillet 1963.
Baroulette, Pagès.
Barreau, Jean-Robert.
Barreau, Rodner.
Barreau, Rodrigue.
Baroulette, Roland.
Bastien, Rosette.
* Baudet, Fritz, marin des Gardes Côtes d'Haïti, mort en prison dans la cellule # 3 à Fort-Dimanche en juillet 1975.

Bazile, Alphonse.
Beauboeuf, Jean, officier duvaliériste, s'est suicidé pour ne pas être arrêté vivant.
Beauville, Gérard.
Béliard, Rémy.
Béliard, Guy.
Bellefort, Rémy.
* Bellevue, Jean Robert, mort en prison dans la cellule # 1 à Fort-Dimanche en août 1975.

Belnot, Max, avril 1964.
Benjamin, Jacques.
Benoît, Gérald, bébé du Lieutenant François Benoît, tué, disparu, ou brûlé vif le 26 avril 1963.
Benoît, Ernst.
Benoît, Joseph, ancien Juge en Cassation, père du Lieutenant François Benoît, tué ou brulé vif le 26 avril 1963.

Benoît, Mme, mère du Lieutenant François Benoît, tuée ou brulée vive le 26 avril 1963.

Chez les Benoît, la servante aussi a été tuée ou brulée vive le 26 avril 1963, dans la maison familiale incendiée par des militaires de Duvalier.

Benoît, Antioch, groupe de Cazale, avril 1964.

Benoît, Gadiner, groupe de Cazale, avril 1964.

Bernard, Mme E.

Bernard, Tannier.

Bernardin, Cicéron.

Berrouët, Albéoni, fils.

* Bertrand, Justin, macoute notoire, mort en prison dans la cellule # 5 à Fort-Dimanche le 26 août 1975.

* Bertrand, Renel (fils de Justin), mort en prison dans la cellule # 2 à Fort-Dimanche en février 1976.

Bertrand, Jean, lieutenant de l'Armée arrêté en février 1963 et mort en prison au Fort-Dimanche en avril 1963.

Bertresse, Jean-Baptiste.

* Bien-Aimé, André, mort en prison dans la cellule # 3 en juillet 1976.

Bisserette, Georges.

* Blain, Kesner, colonel de l'armée, mort en prison dans la cellule # 3 à Fort-Dimanche le 17 février 1976.

* Blanc, Paul, mort en prison dans la cellule # 4 à Fort-Dimanche en juillet 1976.

Blanco, Gérard.

Boisobin, Wilson.

Bordes, Léon, duvaliériste notoire, mort en prison à Fort-Dimanche en 1969.

Borges, José (Sony), major de l'Armée et duvaliériste notoire, l'un des exécuteurs du génocide de Jérémie et l'un des 19 officiers exécutés par F. Duvalier en personne à Fort-Dimanche le 8 juin 1967, tandis qu'il criait lâchement « vive Duvalier ».

Boss Dal, (ainsi connu) duvaliériste notoire.

Bouchereau, Jean, colonel de l'Armée, tué en avril 1963.
Bouchereau, Amédée.
* Bourcicaut, Jean-Claude, mort en prison dans la cellule # 4 à Fort-Dimanche en janvier 1977.
Brière, Eric, frère de Géto Brière, arrêté, torturé, et tué en 1964.
Brière, Gérald (Géto), membre du Groupe 'Jeune Haïti', mort héroïque à Dallest le 8 septembre 1964.
Brignol, Joseph.
* Briolli, Joseph, mort en prison dans la cellule # 4 à Fort-Dimanche en 1976.
Brisson, Gerald, leader du PUCH, mort héroïquement le 2 juin 1969.
Brisson, Richard.
Brun, L.
* Buron, Néoly, marin, mort en prison dans la cellule # 3 en 1976.
* Cadostin, Gilbert, mort en prison dans la cellule # 2 à Fort-Dimanche en octobre 1976.
Cajuste, Bélisaire, groupe de Cazale, avril 1964.
* Cajuste, Muscadin, mort en prison dans la cellule # 8 à Fort-Dimanche en 1976.
Calixte, Jean-Elie.
Calvin, Camille.
Cambronne, Obanno.
Caribus, Joseph.
Carré, Victor, comptable.
Carrière, ainsi connu.
Casimir, Ferris, l'un des officiers exécuté par F. Duvalier personnellement à Fort-Dimanche le 8 juin 1964.
Duvalier personnellement à Fort-Dimanche.
Cassagnol, Edner.
Casséus, Niclerc, tué le 2 juin 1969.
Casséus, Saül.
Cauvin, Émile, avocat.

Cauvin, Seymour, avocat.
Cayard, Luc.
Cazale, village où toute la population a été massacrée pour avoir abrité des opposants.
*Cébastien, Camille, pharmacien, mort en prison dans la cellule # 1 à Fort-Dimanche en 1976.
Cédoine, alias Piti.
Célestin, Vincent.
* Célestin, Jean Roland, mort en prison dans la cellule # 1 à Fort-Dimanche en 1975.
Célestin, Philippe, major de l'Armée tué le 26 avril 1963.
Célestin, Arnold.
Célestin, Bernas.
César, Cifra, mort en prison dans la cellule # 8 à Fort-Dimanche en 1972.
César, Joseph.
Chancy, Émile.
Chandler, Mirko, membre du Groupe "Jeune Haïti", mort héroïquement au Morne Sinaï le 29 septembre 1964.
Charles, Éliacin.
Charles, Filibert.
Charles, Gesner.
Charles, Gérard.
Charles, Lionel.
Charles, Octa.
Charles, Philogène, marin des Garde-Côtes fusillé sans jugement.
Charles, Saint Julien.
Charles, Thomas, un des 15 hommes exécutés au Fort-Dimanche le 14 avril 1969.
Charles, Wilfrid.
Charlesca, Délouis.
Charlesca, Camille.
Charlmers, Max, avocat.
Charlot, Anacius.

Charlot, Capotine.
Chassagne, Luc, assassiné à Maïs Gaté.
Chassagne, Roland, lieutenant de l'Armée.
Chavigny, Jean de, lieutenant de l'Armée, assassiné en avril 1963.
Chenet, Ilken, lieutenant de l'Armée.
Chenet, Jean, tué le 26 avril 1963.
Chérubin, Renan.
* Chéry, Léon, mort en prison dans la cellule # 2 à Fort-Dimanche le 10 décembre 1975.
Chéry, Lucien.
Christophe, Robert.
Cirius, Hélène.
Cius, Jean Robert, écolier tué le 28 novembre 1985 aux Gonaïves.
Civil, Franck.
Civil, Mme Franck.
Civil, Duval.
Clermont, Juanita, fille du colonel Clermont.
Clermont, Mme Henri.
Clermont, Henri, Colonel de l'Armée.
Clitandre, Augustin, directeur du journal *Le Soleil*.
Codio, Racine.
Colin, Samuel.
Colon, Fréhel Andral, lieutenant de l'Armée blessé à mort le 1er avril 1957 tandis qu'il désarmait une des bombes du complot de Duvalier pour faire sauter les bureaux des candidats Déjoie, Fignolé et Jumelle.
Compère, Paul, cellule # 8 à Fort-Dimanche, exécuté le 14 août 1974.
Condé, Amerlin, industriel des Cayes, député déjoieiste.
Conte, Michel, lieutenant de l'Armée blessé à mort en même temps que Colon. (Voir Colon, Fréhel).
Coriolan, Fred, 27 ans, étudiant, assassiné le 26 avril 1963.
Cormier, Gérald.

Corvington, Michel, figure parmi 15 hommes exécutés au Fort-Dimanche le 19 avril 1969.
Corvington, Max, capitaine de l'Armée.
Corvington, Raymond (Mondy), Exécuté au Fort-Dimanche.
Corvington, Michel.
Couba (ainsi connu) tué en 1960.
Craig, Pierre, arrêté par un major duvaliériste pour une affaire de terre, jamais revu.
Crêve-Cœur, Frantz, 19 ans, assassiné en 1964.
* Daccueil, Horace, mort en prison dans la cellule # 7, Fort-Dimanche, 1976.
* Daccueil, Guélo, mort en prison dans la cellule # 3, Fort-Dimanche, 1976.
Daccueil, Gesner.
Daccueil, Céleste.
Dagobert, Jean.
Damas (ainsi connu), membre du groupe d'Hector Riobé.
Daniel, Henry Claude.
* Darélus, Murat, mort en prison dans la cellule # 1, Fort-Dimanche, février 1975.
* Datho, chef de section de Thiotte, mort en prison dans la cellule # 1, Fort-Dimanche, 1976.
Daumec, Dato, duvaliériste notoire.
Daumec, Frantz, duvaliériste notoire.
Daumec, Gérard, duvaliériste notoire.
Daumec, Lucien, duvaliériste notoire, arrêté en février 1964 et jamais revu depuis.
David, Carl Henri, petit-fils du sénateur David, disparu d'après rapport de l'OEA.
De Smet, Albert, prêtre français, 1985.
Deetjen, A., photographe.
Deetjen, Max, Officier en fonction de l'Armée, abattu par un macoute.
* Degazon, Fritz, mort en prison dans la cellule # 5, Fort-Dimanche, 2 juin 1975.

Delamour, Jacques.
* Delille, Jacques, mort en prison à Fort-Dimanche, 1974.
Delva, Édouard, sergent de l'Armée.
* Delva, Raphaël, mort en prison dans la cellule # 1, Fort-Dimanche, Juin 1976.
Démosthène, Yvon.
Denis, Archer, fils de Lorimer, mort en prison dans la cellule # 2, Fort-Dimanche, 1976.
Denis, Charles.
Denis, Édouard, major dentiste de l'Armée.
* Dérisié, Cadeau Jean, mort en prison dans la cellule # 1, Fort-Dimanche, Juillet 1976.
Desravines, Ambroise.
Desèbe, Franck.
Déselmour, Luc.
Déselmour, Eugène.
Désilié, Franck.
Désulmé, Maurice, fils de l'ex-sénateur Thomas Désulmé.
Désulmé, Mme Maurice, née Sainté.
Désulmé, Léa, fille des époux Maurice Désulmé.
Désulmé, Roland, fils de l'ex-sénateur Thomas Désulmé.
* Desravines, Ambroise, mort en prison dans la cellule # 1, Fort-Dimanche, septembre 1976.
Desrosiers, André, l'un des officiers exécuté par F. Duvalier personnellement à Fort-Dimanche le 8 juin 1964.
* Desruisseaux, Serge, mort en prison dans la cellule # 3, Fort-Dimanche, 1976.
Dessé, Jean, membre du MOP.
Dessources, Élie.
Destin, William.
Dezelmant, Roland.
Dodard, Jacques.
Dominique, Destin.
Dominique, Alexandre.

Dominique, Philippe, lieutenant, héros mort au combat glorieusement, le 29 juillet 1958, pendant l'assaut des Casernes Dessalines.
* Dominique, Thomas, mort en prison dans la cellule # 6. Plaine du Cul-de-Sac. 1976.
* Donatien, Serge, mort en prison dans la cellule # 1, Fort-Dimanche, mars 1976.
* Donneur, Paul, mort en prison dans la cellule # 7, Fort-Dimanche, 1976.
Dorcé, Jacques.
Dorestan, René.
Dornéval, Clotaire, mort en prison dans la cellule # 5, Fort-Dimanche, janvier 1976.
* Dornéval, Milord.
Dorsinville, Thomas.
Dorsinville, Mme Pierre.
Dorval, Roberson.
Dougé, Pierre.
Dougé, Rossini.
Douyon, Frantz, 19 ans, assassiné en 1985.
Douyon, Henri.
Drouin, Guy, victime du génocide de Jérémie, août 1964.
Drouin, Louis père, victime du génocide de Jérémie, 1964.
Drouin, Louis (Milou), membre du Groupe ''Jeune Haïti'', mort héroïquement, exécuté par F. Duvalier le 12 novembre 1964.
Drouin, Mme Louis, victime du génocide de Jérémie, 1964.
Duclairon, Venèque, 1973.
Duchatelier, Philippe-Maurice, nourrisson de Ghislaine et Maurice.
Duchatelier, Ghislaine Edeline, Mme Maurice.
Duchatelier, Maurice.
Ducheine, Reynald.
* Duchemin, Ronald, exécuté, Fort-Dimanche, le 25 mars 1976.

Duclervil, Roland, artiste musicien, tué pour avoir refusé de produire un spéctacle pro-macoute.
Dufanal, Liliane.
Dufrène, Dorvil, pharmacien.
* Dulaurier, Philippe, mort en prison dans la cellule # 5, Fort-Dimanche, 18 décembre 1975.
Dumond, André.
* Dupont, Kernizan, mort en prison dans la cellule # 1, 1975.
Dupré, Felicienne.
Dugué, Albert.
Dupuy-Nouillé, Hubert.
Dupuy, Albert.
* Duquesne, Ovèze, mort en prison, Fort-Dimanche, août 1976.
* Duval, Jean-Claude, mort en prison dans la cellule # 9, Fort-Dimanche, 5 décembre 1975.
Edeline (famille), massacrée en avril 1963.
Édouard, Paul, capitaine de l'Armée.
Édouarzin, Luc.
Édrisse, Dallemand.
Eliazaire, Jérémie, groupe de Cazale, avril 1964.
Éliazaire, Olive, groupe de Cazale en avril 1964.
Élie, Elismé, groupe de Cazale, avril 1964.
Elien, Augustin.
Elien, Jacques.
Emmanuel, Acmanque.
Erié, Yves, 16 ans, assassiné le 26 avril 1963.
Ervilus, Antony, avocat, ancien ministre de Fignolé.
Ervilus, frère d'Anthony.
Ervilus, François, médecin.
Ervilus, Mme Antony.
Estilus, Pierre.
Estimé, Mathieu, duvaliériste.
* Estimé, Rameau, oncle du Président Estimé, sénateur duvaliériste, mort en prison, cellule # 1, Fort-

Dimanche, 13 mai 1976.
* Estimé, Wilterm, duvaliériste, mort en prison dans la cellule # 5, Fort-Dimanche, 1976.
Estiverne, Estoverme.
Estiverne, Gérard.
Estiverne, Gladys, 17 ans.
Estiverne, Pierre.
Estiverne, Mme Pierre.
Estiverne, Prosper.
Etienne, Francis, major de l'Armée assassiné le 26 avril 1963.
Etienne, Laurette.
Etienne, Pantal.
Eugène, Constant.
Eugène, Ernest.
* Eugène, Jésulmé, éducateur, mort en prison dans la cellule # 2, Fort-Dimanche, 1976.
Eugène, Michel.
Eugène, Pierre.
* Exanté (ainsi connu), de l'Arcahaie, mort en prison dans la cellule # 2, Fort-Dimanche, 1976.
Exantus, Éloge.
* Exantus, Ponax, étudiant, mort en prison dans la cellule # 8, Fort-Dimanche, 1975.
* Exantus, Servilus, éducateur, mort en prison dans la cellule # 7, Fort-Dimanche, juillet 1976.
Fabien, Célestin, tué dans les bras de son fils.
Fabien, Jacques.
Fandal (famille), massacrée. (Voir liste page 220).
Fanfan, Anthony.
Fauré, Cajuste.
Faustin, Guillaume.
* Féquière, Pierre, mort en prison dans la cellule # 1, Fort-Dimanche, 1976.
* Feuval, Marie-Thérèse, exécutée, Fort-Dimanche, 25 mars 1976.

* Fils-Aimé, Francis, léopard de l'Armée, mort en prison dans la cellule # 1, Fort-Dimanche, 1976.
Figaro, Morille P., ancien ministre de l'Intérieur de Duvalier, tué en 1967.
Fleurimond, Gérard, tué en 1963.
Fleury, Ménès.
* Florestal, Rikit, exécuté, Fort-Dimanche, 14 août 1974.
Fonsimé, Idévi.
Fignolé : en juin 1957, l'Armée d'Haïti, d'ordre du général Kébreau et dans le but de préparer l'élection frauduleuse de Duvalier, massacra des centaines de partisans de Fignolé suite à sa destitution. Des milliers d'habitants des quartiers pauvres de La Saline et du Bel Air ont été tuées lors de ce massacre. D'après Diederich et Burt, 1000 personnes auraient péri à La Saline, Lakou Bréa, Croix des Bossales, Bel Air. Des officiers de l'Armée, non pas des soldats exécutèrent cette tuerie.
Forbin, Alfred (Kikitte), Capitaine de l'Armée, tué en 1963.
Forbin, Charles, membre du groupe 'Jeune Haïti', mort héroïquement à Dallest le 8 septembre 1964.
Fouchard, Lionel, ancien officier, assassiné en pleine rue le 26 avril 1963.
Francis, Daniel, boulanger, duvaliériste notoire, l'un des organisateurs du complot des bombes de Thor.
Francis, Philoclès.
Francis, Rosier.
François, Fleurentin.
François, Zamor.
François, Destin.
François, Pascal, musicien.
François, Ora.
* Franex, René, exécuté, Fort-Dimanche, 14 août 1974.
Fuertes, Henri, commandant d'un groupe de 30 hommes venus de Cuba qui débarquèrent le 30 août 1959 aux Irois dans le Sud où tous périrent peu après.

Gaboton, Paul Émile, avocat.
Gaetjens, Joe, footballeur de renommée mondiale.
Garoute, Hamilton, colonel retraité de l'Armée.
* Gasner, Marie-Thérèse, morte en prison dans la cellule # 10, Fort-Dimanche, 1976.
Geffrard, Merisier, l'un des officiers exécuté par F. Duvalier personnellement à Fort-Dimanche le 8 juin 1964.
Georges, Charles Adrien.
Georges, Francis.
Georges, Figaro.
Gerdès, Jean, membre du Groupe 'Jeune Haïti', mort héroïque au Morne Sinaï le 29 septembre 1964.
Germain, André.
Giraud, Gérard.
Gracia, Léon.
Gracia, Phito, poète, membre du PUCH, tué en 1969.
* Guerrier, Marcel, mort dans la cellule # 5, Fort-Dimanche, octobre 1975.
Guerrier, Pierre, mort en prison à Fort-Dimanche en 1976.
Guerrier, Crissonier
Guerrier, Jeannot.
Guerrier, Garcia.
* Guerrier, Pierre.
Guilbaud, Gérard, Vêpres de Jérémie, août 1964
Guilbaud, Mme Gérard, victime des vêpres de Jérémie, 1964
Guillaume, Cérès, Sergent de l'Armée.
Guillaume, Emmanuel.
Harentz, Imgard.
Henri, Carnot, avocat.
Hérivaux, Miléon, pasteur.
Hermantin, André.
Hermantin, Paul.
Hickey, Robert F, membre américain du groupe de Pasquet, Dominique, Perpignant. Mort héroïque le 29 juillet 1958

Hilaire, Julien.
Hilaire, Serge, l'un des 19 officiers duvaliéristes exécutés par F. Duvalier personnellement à Fort-Dimanche le 8 juin 1967.
Holly, Jacques.
Honorat, Ernest, Lieutenant de l'Armée.
* Horner, Jean, marin des GCDH, mort en prison dans la cellule # 10, Fort-Dimanche, 1975.
Hudicourt, Jean-Pierre, membre du groupe d'Hector Riobé, 1963.
Hyacinthe, Emmanuel, caporal de l'Armée.
Hyppolite, Frantz.
* Icard, Fritz, mort en prison dans la cellule # 2, Fort-Dimanche, 13 novembre 1975.
Innocent, J.
Innocent, Timoléon, assassiné en 1967
Innomé, Diméus, groupe de Cazale, avril 1964.
Isméo, Louis Juste, groupe de Cazale, avril 1964.
Israël, Daniel, écolier, tué aux Gonaïves le 28 novembre 1985.
Jackson, Row, employé du Nouvelliste, assassiné le 26 avril 1963.
Jacques, Ira.
Jacques, Jean.
Jacquet, Ambroise.
James, Cromwell, citoyen anglais arrêté le 11 novembre 1960, torturé et tué le 27 novembre.
Jasmin, Marcaisse.
* Jassin, Franck, éducateur, mort en prison dans la cellule # 7, Fort-Dimanche, 1976.
Jean, Cécile.
* Jean, Dagobert, léopard de l'Armée, mort en prison dans la cellule #2, Fort-Dimanche, avril 1976.
Jean, Ernest.
* Jean, Henri, mort en prison dans la cellule # 4, Fort-Dimanche, 1976.

Jean, Joseph.
Jean, Kesner.
* Jean, Morancy, mort en prison dans la cellule # 7, Fort-Dimanche, 1977.
Jean, Paul, Soldat de l'Armée.
Jean, Pierre (dit d'Haïti), Exécuté à Fort-Dimanche, 25 mars 1976.
* Jean, Théocel, mort en prison, Fort-Dimanche, avril 1976.
Jean, Léon, frère de Théocel.
Jean-Baptiste, famille de Mapou, voir page 221.
Jean-Baptiste, Ibert.
* Jean-Baptiste, Samson, éxécuté, Fort-Dimanche, 7 août 1974.
* Jean-Baptiste, Résius, mort en prison dans la cellule # 1, Fort-Dimanche, février 1974.
Jean-Baptiste, Elysée.
* Jean-Baptiste, Maurice, mort en prison dans la cellule # 1, Fort-Dimanche, 4 décembre 1976.
Jean-Baptiste, Jean.
Jean-Baptiste, Gaspar.
* Jean-Baptiste, Antonio, typographe, mort en prison dans la cellule # 3, Fort-Dimanche, 1976.
Jean-François, Raymond.
Jean-François, Juste.
Jean-François, Gladys.
Jean-François, Aymard.
Jean-Joseph, Viquet.
Jean-Joseph, Milo.
Jean-Louis, Ulrick.
Jean-Louis, Louis.
Jean-Louis, Hubert.
* Jean-Noël, Antoine, mort en prison dans la cellule # 3, Fort-Dimanche, février 1974.
Jean-Philippe, Laventure.
Jean-Pierre, Sainvilus, cellule # 5, Plaine du Cul-de-Sac

Jean-Pierre, Wiener.
Jean-Pierre, André.
* Jean-Pois, Emmanuel, mort en prison dans la cellule # 1, Fort-Dimanche, 1975.
Jean-Toussaint, Ernst, alias Ti Nès, exécuté à Fort-Dimanche après avoir été arrêté à la Rue Macajoux par un colonel duvaliériste. Exécuté à Fort-Dimanche.
Jeannot, Jacques, tué le 2 juin 1969.
Jeanty, Errel.
Joachim, Serge.
* Jolimot, Alius, mort en prison dans la cellule # 3, Fort-Dimanche, 1975.
Jones, Dany, sheriff du Dade County, Floride, membre du groupe de Pasquet, Dominique, Perpignand. Mort héroïque le 29 juillet 1958.
Jones, Kénel, 15 ans, assassiné en 1965.
Joseph, Élius.
* Joseph, Gérard, mort en prison dans la cellule # 7, Fort-Dimanche, 1975.
Joseph, Jean.
Joseph, Lamidon.
* Joseph, Lotion, mort en prison dans la cellule # 6, Fort-Dimanche, 1975.
Joseph, Maxime.
Joseph, Pierre.
Joseph, Ulirick.
Joseph, Willy, membre du PUCH, victime de Cazale en avril 1964.
* Joseph, Vergniaud, avocat, mort en prison dans la cellule # 6, Fort-Dimanche, 1976.
Jourdan, Édouard, oncle d'Hector Riobé.
Jourdan, Réginald, membre du Groupe 'Jeune Haïti', mort héroïquement à Ravine Roche le 26 octobre 1964.
Judex (journal), tout le personnel du journal tué.
Jules, Célama, mort dans la cellule # 3, Fort-Dimanche, 10

octobre 1976.
* Jules, Lucio, mort dans la cellule # 3 le 10 octobre 1976.
Jules, Nérestan, originaire de l'Anse d'Ainault, mort en prison, à Fort-Dimanche.
Jules, Octave.
* Jules, Oswald, mort dans la cellule # 6, Fort-Dimanche, 1976.
Julien, Azémar.
Julien, Banor.
Julien, Luc.
Jumelle, Abner.
Jumelle, Clément, ancien candidat à la présidence.
Jumelle, Charles, tué le 29 août 1958 au Bois-Verna.
Jumelle, Ducasse, tué le 29 août 1958 au Bois Verna.
Jumelle, Jacques.
* Junior, Ricot, mort en prison, Fort-Dimanche, août 1975.
Kernsten, Levant, membre américain du groupe Pasquet, Dominique, Perpignant, mort héroïque le 29 juillet 1958.
Labissière, Bruno.
Lafleur, Pierre.
Lafontant, Lucette, compagne de J.J. Dessalines Ambroise.
* Laforêt, Marcel, agronome, mort en prison cellule # 8, Fort-Dimanche, juillet 1975.
Laforest, Edith.
* Lafortune, Rodrigue, mort en prison dans la cellule # 5, Fort-Dimanche, 18 novembre 1975.
Lafortune, Tancrède.
Laguerre, René, arrêté en 1958 par un officier duvaliériste et jamais revu.
Lahens, Kesner.
Lainé, Lionel, médecin, fondateur du parti politique PNDPH, tué à Carrefour.
Lallemand, René, capitaine de l'Armée.

Lamaute, Alix, instituteur rural, leader du PUCH, tué à Cazale en avril 1964.
Lamothe, Alexandre, chanteur.
Lanoix, Franck, ancien député anti duvaliériste.
Laraque, Alain, commerçant.
Laraque, Guy.
Laraque, Yvon, membre du Groupe 'Jeune Haïti', mort héroïque à Préville en août 1964.
Laroche, Joseph, lieutenant duvaliériste de l'Armée, l'un des 19 officiers exécutés par F. Duvalier personnellement à Fort-Dimanche le 8 juin 1967.
Larreur, Roger, père du lieutenant Claude Larreur, GCDH.
Larrieux, Nerva.
Laurent, Alphonse.
* Laurent, Pierre, tailleur, mort en prison dans la cellule # 8, Fort-Dimanche, 1976.
Lauture, Georges, lieutenant retraité de l'Armée, mort dans le coffre de la voiture d'un des sbires de Duvalier qui l'avait personnellement arrêté.
Léandre, Toto.
Lebrun, Georges.
Legendre, Franck, ingénieur, assassiné à Boutilliers.
* Legros, Hubert, avocat, mort en prison dans la cellule # 6, Fort-Dimanche, 19 décembre 1975.
Lemoine, Joseph, Lt. colonel de l'Armée, l'un des 19 officiers duvaliéristes exécutés par F. Duvalier personnellement à Fort-Dimanche le 8 juin 1967.
Lemoine, Guy.
Léon, Édouard.
Léon, Jean.
Léon, Jules.
Léon, Wéber, fils d'Édouard.
Léonard, Yvan, tué pour avoir crié « Vive Fignolé ».
Leroy, René, éducateur.
Lescouflair, Rony, écrivain.

Lescouflair, Raymond.
Lespinasse, Lucien, capitaine de l'Armée.
Lhérisson, Jean-Baptiste.
* Liautaud, Hébert, mort en prison dans la cellule # 5, Fort-Dimanche, 1976.
Liautaud, Joël, un des 15 hommes exécutés au Fort-Dimanche le 19 avril 1969.
Lilavois, Marc, dit Ti Marc, jeune de 17 ans.
* Livert, Lenert, alias Ti Coq, étudiant, mort en prison dans la cellule # 5, Fort-Dimanche, 7 juillet 1976.
Lochard, Charles, Capitaine retraité de l'Armée.
Lominy, Frantz, capitaine de l'Armée.
Lominy, Guy.
Lormier, Franklin Paul.
Loubeau, Gérard.
Loubeau, Lionel, étudiant.
Louis, Marcel.
Louis, Maurice.
Louis Charles, Mme Saint Jean.
Louissant, Isaac.
* Louissaint, Chéry, mort en prison dans la cellule # 8, Fort-Dimanche, 1976.
Luc, André.
Madoumbé, famille, massacrée. (Voir liste pages 222-223).
Madiou, Serge, Capitaine de l'Armée, l'un des 19 officiers duvaliéristes exécutés par F. Duvalier personnellement à Fort-Dimanche le 8 juin 1967
Magloire, Maurice.
Magloire, Massius.
Magloire, Joseph Altéon.
Maisonneuve, Vilnor.
Manigat, Donalt, l'un des 19 officiers duvaliéristes de l'Armée exécutés par F. Duvalier personnellement à Fort-Dimanche le 8 juin 1967.
Manigat, Louis.

Marcel, Antoine (Tatane), Assassiné à la Cité Magloire.
Marcel, Guy, tué par Franck Romain, d'après un rapport OEA.
Marchand, Georges.
Marchand, Lucien.
Martelly, Paul.
Martin, Yvon, footballeur.
Martol, Fred.
Martol, Max.
Mathieu, Jacques, exécuté à Fort-Dimanche en 1970.
Maurice, Célestin.
* Max, Cérès Louis, mort dans la cellule # 2, Fort-Dimanche, octobre 1975.
Maxan, L.
Maximilien, Louis, colonel médecin de l'Armée.
Médor, Ignace, Fort-Dimanche, 20 juin 1969.
Mehu, Roger, membre du PUCH, victime de Cazale en avril 1964.
Mémorès, lieutenant de l'Armée.
* Ménélas, dit Ayiti, soldat du Pénitencier national mort en prison dans la cellule #8 à Fort-Dimanche en 1976.
Ménélas, Roger.
Ménélas, Tancrède
* Merceron, alias Guantanamo, marin des Garde-Côtes, mort en prison, dans la cellule #7, Fort-Dimanche, 1976.
Mésidor, Bruce.
Mésidor, Maurice.
Metélus, Gustave.
Méyol, Gérard, mort en prison à Fort-Dimanche en 1975.
Michel, Chenon, Capitaine de l'Armée.
* Michel, Gérard, mort en prison au Fort-Dimanche, 1976.
Michel, Moïse.
Michel, Paul.
Michelet, Michelson, écolier, 28 novembre 1985 à Gonaïves.
Midouin, René, Journaliste.

Milfort, Joseph Alias Joe Malaca, mort en prison dans la cellule # 3, Fort-Dimanche.

Milord, Ponax.

Moïse, Benito, victime du génocide de Jérémie en août 1964.

Moïse, Denil.

Moïse, Jean-Robert.

Moïse, Néryolière.

Monestime, Franck, l'un des 19 officiers duvaliéristes exécutés par F. Duvalier personnellement à Fort-Dimanche le 8 juin 1967.

Monestime, Marc, l'un des 19 officiers duvaliéristes exécutés par F. Duvalier personnellement à Fort-Dimanche le 8 juin 1967.

Monestime, Grégoire, l'un des 19 officiers duvaliéristes exécutés par F. Duvalier personnellement à Fort-Dimanche le 8 juin 1967.

Monfiston, Jean-Jacques, assassiné pour avoir caché les frères Jumelle chez lui.

Monroe, Max.

Monroe, Jacques

Montas, Roland, Journaliste.

Moreau, Yvan Emmanuel, sénateur duvaliériste intègre et courageux, arrêté en novembre 1960 et jamais revu.

Morel, Mamousette.

Mornay, Gérard.

Moscoso (ainsi connu), assassiné par un macoute prénommé Hérard.

Mosquette, Saintimène.

Multiple exécution de plusieurs centaines de prisonniers non identifiés à Ganthier le 22 juillet 1969.

Multiple exécution de sur une esplanade à côté de Fort-Dimanche d'une trentaine de présumés communistes le 14 avril 1969, suivi de l'assassinat de plusieurs centaines de sympathisants à Port-au-Prince et au Cap-Haïtien.

Multidor, Antoine, colonel de l'Armée.

Murat, Jean.
Murat, Lamarre.
* Muzac, Yves, mort en prison dans la cellule # 1, Fort-
    Dimanche, juin 1976.
Napoléon, Jean, Croix-des-Bouquets, 1972.
Musac, Yves, étudiant, mort dans la cellule # 1, en juin 1976.
Napoléon, Justin, arrêté en 1961.
Nau, Christian, avocat.
Nazaire, Guy Antoine.
* Nérestan, Jean-Marc, mort en prison dans la cellule # 3,
    Fort-Dimanche, 1976.
Nestor, Rochambeau.
Nézac, Yvon.
Noël, Bernard.
Noël, Casimir.
Noël, Émile.
Noël, Gérard.
* Noël, Louis, mort en prison dans la cellule # 6, Fort-
    Dimanche, 1976.
Numa, Marcel, membre du Groupe 'Jeune Haïti', mort
    héroïquement, exécuté par F. Duvalier le 12 no-
    vembre 1964.
* Obanno, Cambronne, mort en prison dans la cellule # 8,
    Fort-Dimanche, 1976.
Obas, Pierre Michel, l'un des 19 officiers duvaliéristes exécutés par F. Duvalier personnellement à duvaliéristes Fort-Dimanche le 8 juin 1967.
* Octa, Charles, mort en prison dans la cellule # 8, Fort-
    Dimanche, 1976.
Osias. Charles, de l'Arcahaie, cellule # 8, juillet 1976.
Osias, Charles, du Cap-Haïtien, cellule # 2, juin 1975.
* Osias, Semonville, avocat, 1975.
Paris, Max, lieutenant de l'Armée.
Parisien, Leslie, beau-frère de Jacques Holly.
Pasquet, Alix, capitaine, héros mort au combat

glorieusement le 29 juillet 1958 lors de la prise d'assaut des Casernes Dessalines.

Pasquis, Guy.

Paul, Alphonse, père d'Évans Paul.

* Paul, Jacques, mort en prison dans la cellule # 8, Fort-Dimanche, juin 1976.

Payne, Arthur, sheriff du Dade County, Floride, membre du commando qui prit les Casernes Dessalines d'assaut le 29 juillet 1958, mort héroïque.

* Paul, Oveny, Exécuté à Fort-Dimanche, 14 août 1974

Péan, René, exécuté au Champ-de-Mars du Cap le 16 février 1965.

Péan, Gérard, disparu en août 1963.

* Pérard, Ronald, Exécuté à Fort-Dimanche, 14 août 1974.

Perpignand, Henri, lieutenant, héros mort au combat glorieuse le 29 juillet 1959 avec Dominique et Pasquet lors de l'assaut des Casernes Dessalines.

Petit, Eddy, exécuté au Fort-Dimanche le 19 juin 1969.

Petit, Georges, journaliste.

Petit, Odney.

* Phanor, Jean-Claude, léopard de l'Armée, cellule # 2, Fort-Dimanche, 3 mai 1976.

Philantus, Benoît, membre du PUCH, victime de Cazale en avril 1964.

Philippe, Darty, Cellule # 2, Fort-Dimanche, novembre 1973

Philogène, Blucher, ancien capitaine de l'Armée mort glorieuse en septembre 1963 à Ouanaminthe.

Picault, Jean, tué au Portail Saint-Joseph.

Pierre, Arnoux.

* Pierre, Charles, exécuté à Fort-Dimanche le 14 août 1974

Pierre, Dieudonné.

Pierre, Dumercier.

* Pierre, Édouard, mort en prison à Fort-Dimanche, 1975.

Pierre, Félius.

Pierre, Flaubert.

Pierre, Georges.
* Pierre, Jean, (alias Dayiti), exécuté le 25 mars 1976.
* Pierre, Lubin, mort en prison dans la cellule # 5, Fort-Dimanche, 1 novembre 1975.
Pierre, Manud.
Pierre, Mérès.
Pierre, Périsca, membre du PUCH, victime de Cazale en avril 1964.
Pierre, Raphaël Lancelot.
Pierre, Verdieu.
Pierre-Louis, Rossini, Ancien député anti-duvaliériste.
Pierre-Louis, Lubin.
Pierre-Louis, Louisius.
Pierre-Louis, Bernard.
Pierre-Louis, Arnold.
Pierre-Louis, Mervius, membre du PUCH, victime de Cazale en avril 1964.
Pierre-Louis, Michel, membre du PUCH, victime de Cazale en avril 1964.
Pierre-Paul, Salma, Avocat, mort en prison cellule # 3, Fort-Dimanche, 17 septembre 1976.
* Pierre-Paul, Luc, comptable, mort en prison cellule # 2, Fort-Dimanche, juillet 1976.
Pierre-Paul, Edmond, avocat.
Pierre-Paul, Antoine, avocat.
* Pierre-Paul, Salmon.
Pierre Victor, Joseph, avocat.
Piou, Eugène, juge de paix de Dame-Marie.
* Pipirite (ainsi connu), mort en prison cellule # 3, Fort-Dimanche, 1976.
Piquion, Antoine, ancien député sous Magloire tué au Cap en mars 1965.
Piquion, Tony, tué par l'officier Aderbal Lhérisson, d'après rapport de l'OEA, au Rumba Club, Cap-Haïtien.

Piverger, Yvon, étudiant, tué pendant une interrogation en 1963.
Poisson, Urbain.
Poitevien, Albert, officier duvaliériste, mitraillé par Madame Roland, Dégand en mai 1963 d'après l'OEA.
Pollas, Crispin.
Polynice, Renard.
* Prédestant, Dès, exécuté, 14 août 1976.
* Price, Eddy, mort en prison à Fort-Dimanche, mars 1976.
Prophète, Denise.
Racine, René.
Racine, Wilson.
Rameau, Mario, éducateur, membre du PPLN, torturé et tué fin juillet 1966.
* Raoul (ainsi connu), milicien, mort en prison cellule # 4, Fort-Dimanche, 1976.
Rateau, Clerveaux, avocat.
* Raymond, Bertrand, éducateur, mort en prison dans la cellule # 1, Fort-Dimanche, 1975.
Raymond, Gasner, journaliste courageux du Petit Samedi Soir, tué le 1er juin 1976.
Raymond, Toussaint.
Rémy, Alix, l'un des 19 officiers duvaliéristes exécutés par F. Duvalier personnellement à Fort-Dimanche le 8 juin 1957.
Rémy, Charles.
Renaud, Jacques Viau.
René, Gros (ainsi connu).
Renoir, Jean Ernest.
Resley, Jean Denis.
* Reynold, (ainsi connu), léopard de l'Armée, mort en prison à Fort-Dimanche, octobre 1976.
Riboul, Pierre.
Richard, Georges.
Richard, Léopold.
Richard, Lucien, photographe.

Richard, Wilmer.
Riché, Willemain.
Rigaud, Georges E., dentiste et chef de parti (PSP), arrêté fin 1960 et tué.
Rigaud, Henri.
Rigaud, Roland, membre du groupe 'Jeune Haïti', mort héroïque à Ravine Roche le 26 octobre 1964.
Rigaud, Yanick, tuée par des macoutes le 2 mai 1969.
Riobé, André, commerçant tué le 26 avril 1963.
Riobé, Hector, mort héroïque le 17 juin 1963 à Kenscoff.
* Robert, Jean (alias Derecul), mort en prison dans la cellule # 6, Fort-Dimanche, 1976.
Roc, Georges.
Roc (ainsi connu), avocat de Jacmel.
Roche, Henri.
Rodney (ainsi connu), sergent.
Roland, Antony.
Romain, René.
* Romel (ainsi connu), cellule # 7, Port-au-Prince, 1975.
* Rossini, Timothée, cellule # 6, Arcahaie, 1975.
Rousseau, Roger, médecin, duvaliériste notoire tué le 2 mars 1960 par Clément Barbot.
Rousseau, André, duvaliériste.
Roy, colonel Édouard, assassiné le 26 avril 1963.
* Roy, Jean-Louis, exécuté à Fort-Dimanche, 25 mars 1976.
Sabalat, Ernest, avocat.
Saint-Amand, Jacques.
Saint-Fort, Alix.
Saint-Frère, Jean-Claude.
Saint-Germain, Lamarre, membre du PUCH, victime de Cazale en avril 1964.
Saint-Germain, Louis.
Saint-Hubert, Edriss.
Saint-Jean, Edmé.
Saint-Lôt, Édouard (dit Dady).

* Saint-Louis, Jean-Claude, mort en prison dans la cellule # 7, Fort-Dimanche, 13 novembre 1975.
Saint-Louis, Marie Thérèse, morte en prison, cellule # 10, Fort-Dimanche, 1970.
* Saint-Louis, Raymond, mort en prison à Fort-Dimanche, 11 septembre 1976.
* Saint-Merzier, Georges, mort en prison dans la cellule # 4, Fort-Dimanche, 1976.
Saint-Preux, Wilfrid.
Saint-Preux, Moriac.
Saint-Preux, Maurice.
Saint-Preux, Galbo, sergent de l'Armée.
Saint-Sauveur, Raymond.
* Saint-Vil, Luc, mort en prison dans la cellule # 5, Fort-Dimanche, septembre 1976.
Saint-Vil, Fritz.
* Saint-Villus, Jean-Pierre, alias Ti Diab, mort en prison dans la cellule # 5, Fort-Dimanche, 10 mars 1976.
Saintini (ainsi connu), journaliste, tué avec toute l'équipe du journal «Judex».
Sajous, René, capitaine de l'Armée.
* Saladin, Thélusmon, mort en prison dans la cellule # 1, Fort-Dimanche, 31 décembre 1976.
Salès, Pierre, journaliste.
Sam, Jean-Baptiste, chef de la milice du Cap, arrêté avec sa femme et son fils en février 1964.
San Millan, Frédéric, membre du syndicat des chauffeurs-guides, assassiné le 26 avril 1963.
Sanders, Wilfrid.
Sanez, René.
Sanon, Oxigène.
Sansaricq, Adrien, membre du PUCH mort glorieuse le 2 juin 1969.
Sansaricq, Daniel, membre du PUCH mort héroïque le 2 juin 1969.

Sansaricq, Mme Pierre, victime du génocide de Jérémie, août 1964.
Sansaricq, Pierre, victime des vêpres de Jérémie, 1964.
Sansaricq, Lily (infirme), victime du génocide de Jérémie, 1964.
Sansaricq, Pierre Richard, victime du génocide de Jérémie, 1964.
Sansaricq, Reynold, victime du génocide de Jérémie, 1964.
Sansaricq, Marie-Catherine, 6 ans, victime du génocide de Jérémie, 1964.
Sansaricq, Régine, enfant, victime du génocide de Jérémie, 1964.
Sansaricq, Stéphane, 2 ans, victime du génocide de Jérémie, 1964.
Sansaricq, Jean-Pierre, 6 ans, victime du génocide de Jérémie, 1964.
Sansaricq, Mme Jean-Claude (enceinte de 3 mois), victime du génocide de Jérémie, 1964.
Sansaricq, Jean-Claude, victime du génocide de Jérémie, 1964.
Sansaricq, Hubert, victime du génocide de Jérémie, 1964.
Sansaricq, Fred, victime du génocide de Jérémie, 1964.
Sanson, Klébert
* Santiague (ainsi connu), sergent, mort en prison dans la cellule # 7, Fort-Dimanche, octobre 1976.
Scott, Lucien, capitaine de l'Armée, infirme, arraché de son lit pour être tué.
* Sébastien, Camille, (voir Cébastien).
Sénat, Wilfrid.
Sénatus, Pierre.
Séraphin, Franck, député déjoieiste courageux, arrêté en 1960 et jamais revu depuis.
Serval, Marie-Thérèse.
Sicard, Lisard.

* Siméon, Gasner, marin des Garde-Côtes, mort en prison dans la cellule # 7, Fort-Dimanche, 1976.
Silvestre, Laguerre.
Simon, Carouche.
Simon, Franck, commerçant.
Souffrant, Gérard.
* Souffrant, Jean, éxécuté au Fort-Dimanche, 14 août 1974
Souffrant, Gesner.
Stéphen, Nana.
Sterlin, Henri, commerçant et architecte, arrêté le 23 janvier 1961, torturé, mort en prison.
Stympil, Fritz.
Sully, Franck.
Sylvain, Emmanuel.
* Sylvestre, Jilmiste, mort en prison dans la cellule # 1, Fort-Dimanche, 1 novembre 1976.
Talamas, Shibley, haïtien d'origine américaine torturé et tué à Pétion-Ville en septembre 1957.
Tassy, Harry, l'un des 19 officiers exécutés par F. Duvalier en personne à Fort-Dimanche le 8 juin 1967.
Tassy, L.
Télémaque, Franck.
* Télusmon, Tony, mort en prison dans la cellule # 6, Fort-Dimanche, 1976.
Telson, Watson, médecin.
Ténor, Auguste.
Templier, Antoine.
Templier, Emmanuel.
* Tervil, Clarel, exécuté à Fort-Dimanche, 25 mars 1975.
Técheler, Joseph.
Thadal, Michel, sergent de l'Armée.
* Théagène, Edner, mort en prison à Fort-Dimanche en 1975.
* Thénor, Auguste, journaliste, mort en prison dans la cellule # 1, Fort-Dimanche, décembre 1974.
Théoclès, Jean.

Théodore, Mme, arrêtée par le major Jean Tassy, d'après rapport de l'OEA.
Théodore, William.
Théodore, Jules.
Théodore, Frédéric.
Thiotte, Mapou, Grand-Gosier, Belle-Anse, Nan Bwapen : environ 600 massacrés.
* Thomas, Alix, exécuté à Fort-Dimanche, 14 août 1974.
Thomas, André.
Thomas, Pierre, l'un des 19 officiers duvaliéristes exécutés par F. Duvalier personnellement à Fort-Dimanche le 8 juin 1967.
Thrasybule (ainsi connu).
Ti Daddy (ainsi connu).
Timoléon, Jean.
Timoléon, Renault, exécuté le 25 mars 1976.
* Timoléon, Reynold, exécuté à Fort-Dimanche, 14 août 1974.
Timothée, Exilé.
Tintin (ainsi connu), cellule # 9, Limbé, 1971.
Tippenhauer, Rudy, tué le 26 avril 1963.
Tippenhauer, Eric Jr, tué le 26 avril 1963.
Tippenhauer, Eric, tué le 26 avril 1963.
Toussaint, Raymond.
Toussaint, Kesnel.
Toussaint, Gérard.
Turnier, Charles, colonel de l'Armée, arrêté le 14 avril 1963 et tué.
Turnier, Wilhelm, membre du groupe d'Hector Riobé, mort héroïque à Fort-Dimanche en 1963.
Ulysse, Edner.
Valbrun, Andrénor.
Valentin, Josma, sous-lieutenant de l'Armée, exécuté par F. Duvalier personnellement à Fort-Dimanche.
Valmont, Christian, membre du PUCH, victime de Cazale en avril 1964.

* Vasseau, Jean Rifla, exécuté à Fort-Dimanche, 25 mars 1976.
Vaval, Joël, jeune de 15 ans, fils de Suzanne Braun assassiné.
Vaval, Guy.
Verdimer, Claude.
Vernélus, Dénozé, sergent de l'Armée.
Vernet, Riyand.
Victomé, Nestor.
* Victomé, Théophile, membre du PUCH, victime de Cazale en avril 1964, mort en prison dans la cellule # 5, Fort-Dimanche, 2 janvier 1975.
Victomé, Lefort, membre du PUCH, victime de Cazale en avril 1964.
Victomé, Mme Lefort, groupe de Cazale, avril 1964.
Victomé, Thomas, membre du PUCH, victime de Cazale en avril 1964.
Vieux, Antonio, avocat, tué en présence de François Duvalier.
Vieux, Didier.
Vieux, Georges.
Vieux, Paul (Paulo).
Vil, Edner Agronome.
Vilard, Alcé Paul.
* Vilbrun, Romulus, mort en prison dans la cellule # 3, Fort-Dimanche, 16 février 1977.
* Vilfort, Joseph, Cellule # 3, Kenscoff, 1976.
Villedrouin, Mme Victor, victime du génocide de Jérémie, 1964.
Villedrouin, Victor, victime du génocide de Jérémie, 1964.
Villedrouin, Roger, colonel de l'Armée, victime du génocide de Jérémie, en août 1964.
Villedrouin, Lisa, 18 ans, victime du génocide de Jérémie, 1964.
Villedrouin, Mme Guy, victime du génocide de Jérémie, 1964.
Villedrouin, Guy, victime du génocide de Jérémie, 1964.

Villedrouin, Gusley, membre du Groupe 'Jeune Haïti', mort héroïquement à Ravine Roche le 26 octobre 1964.
Villedrouin, Frantz, 16 ans, victime du génocide de Jérémie, 1964.
Villedrouin, Fernande, victime du génocide de Jérémie, 1964.
Villedrouin, Mme Chénier, 85 ans, victime du génocide de Jérémie, 1964.
Vilmenay, Yves, frère de Louis arrêté en 1970 par un major duvaliériste et jamais revu.
Vilmenay, Izméda, mère d'Yves et de Louis.
Vilson, Jean.
Vincent, Célestin.
Vincent, Fritz.
Vincent, Luc.
Vital, Marie-Pierre.
* Vital, Pierre Michel, mort en prison dans la cellule # 6, Fort-Dimanche, février 1977.
Vitey (ainsi connu), soldat de l'Armée.
* Volcy, Volmar, mort en prison dans la cellule # 6, Fort-Dimanche, 1976.
Voltaire, André.
Wadestrandt, Jacques, membre du Groupe 'Jeune Haïti', mort héroïque à Dallest le 8 septembre 1964.
Walker, Joe D., membre américain du commando qui occupa les Casernes Dessalines et où il périt le 29 juillet 1958.
* Washington, Duréna, marin des Garde-Côtes, mort en prison cellule # 5, 16 octobre 1974.
Wassenback, Joseph.
* Wellington, Elie, mort en prison à Fort-Dimanche, octobre 1976.
Willy, Joseph.
Wilson, Micaisse, étudiant, 16 ans, assassiné le 26 avril 1963.
Wolf, Herman, ingénieur.

ADDENDA #1

D'après un rapport de la Commission des Droits de l'Homme de l'O.E.A., des familles entières ont été massacrées d'ordre des députés André Simon et Fritz Moïse, dans un endroit connu sous le nom de Nan Boispin, entre Thiotte, Marigot et Grand Gosier, à l'occasion du débarquement d'un groupe de jeunes à Saltrou le 29 juin 1964. Ci-après une liste partielle de noms de personnes tuées ou disparues dans la région en juillet 1964, reçue de Devoir de Mémoire en Novembre 2015.

(Lieu de résidence cité lorsque connu)

    ALEXIS, Fortunebert.
    ALEXIS, Spréléus (Belle-Anse/Saltrou).
    ALRA, Lautone (Belle-Anse/Saltrou).
    AZOR, Ti Cocotte (Mapou).
    BARTHÉLEMY, Lande.
    BARTHÉLEMY, Mickel (Mapou), battu à mort à Thiotte.
    BARTHELEMY, Sylvio (Mapou).
    BAPTISTE, Joseph.
    BAPTISTE, Tifany.
    BAZILE, Exumiste.
    BENOÎT, Mme Beaulieu (Grand-Gosier).
    BERNARD, David (Mapou).
    BERNARD, fils de David (Mapou) (12 ans).
    BOYER, Personne (Mapou).
    CAFÉ, Jonas (Mapou).
    CAFÉ, Oscar (Mapou).
    CAFÉ, Ti Sourite (Mapou).

CAMBLEAU, Delmise (Mapou) (*mort spontanément après l'exécution de ses fils (Oberson, Osman, Bisson, Vilmont, Solon, etc.)

CAMBLEAU, Bisson.

CAMBLEAU, Oberson.

CAMBLEAU, Osman.

CAMBLEAU, Solon.

CAMBLEAU, Vilmont.

CARRIÈRE, Moise (Mapou).

CHARLES, Charistin (Mapou, originaire de Jacmel).

CHARLES, Dépi (Mapou).

CHARLES, Malyanite, Mme Charistin (Mapou).

CHARLES, Soline, Mme Charistin (Mapou).

CHARLES, Wilfrid (Thiotte) (22 ans, arrête et disparu à Fort Dimanche).

CIRANO (Mapou).

CLORIS, Résimon.

DAVILMA, Estima (Mapou).

DELBEAU, Diderot (Thiotte, originaire de Jacmel).

DERISTIL, « Mama » (Mapou).

DERISTIL, « Papa » (Mapou).

FLEURIMON, Prosper (Mapou).

FLEURIMON, « Maman » (Mapou).

DESRUISSEAUX, Mme Emanius (Mapou).

DESTINÉ, Marisainte (Belle-Anse/Saltrou).

DESTINÉ, Tila (Belle-Anse/Saltrou).

DOR, Aristhène (Belle-Anse/Saltrou).

DOR, Mme Aristhène (Belle-Anse/Saltrou).

DOR, Juliémise (Belle-Anse/Saltrou).

DOR, Tilami (Belle-Anse/Saltrou).

DRAGON, Matès (Mapou).

DRESIER, Malè.

ELIE, Bonnet (police rurale).

ESTIMÉ, Madame.

FANDAL, Adrien (Grand-Gosier) (membre du groupe de rebelles, 25 ans).

FANDAL, Alièse (Grand-Gosier) (plus de 70 ans, père de Emmanuel, Adrien, Edmond, Edouard, Rock, Jean, Preston, Jacques, Bernardin, mort aussi).

FANDAL, Baudelaire (Grand-Gosier) (exécuté à Thiotte).

FANDAL, Bernardin (Grand-Gosier).

FANDAL, Edleck (Grand-Gosier) (exécuté à Thiotte avec 2 fils).

FANDAL, Edmond (Grand-Gosier).

FANDAL, Edouard (Grand-Gosier).

FANDAL, Émile (Grand-Gosier).

FANDAL, Emmanuel (Grand-Gosier) (*nommé préfet par Fignolé, arrêté à Port-au-Prince en 1957 à 29 ans, il a disparu à Fort Dimanche).

FANDAL, Franck (Grand-Gosier).

FANDAL, Jacques (Grand-Gosier) (commerçant, tué à Savane Zombi).

FANDAL, Jean (Grand-Gosier).

FANDAL, Louis (Grand-Gosier).

FANDAL, Nemours (Grand-Gosier).

FANDAL, Preston (Grand-Gosier).

FANDAL, Rock (Grand-Gosier) (19 ans, arrêté à Fonds Vêrettes).

FANDAL, Samuel (Grand-Gosier) (profondément religieux, il tomba tout en priant, sur la ligne de tir).

FANDAL, Tenier (Grand-Gosier) (exécuté à Thiotte avec ses fils Widler & Baudelaire).

FANDAL, Thèse (Grand-Gosier).

FANDAL, Widler (Grand-Gosier).

FANDAL, Wilfrid (Grand-Gosier).

FLEURIMON, « Grann » (Mapou).

FRANÇOIS, Diderot (Mapou).

FRANÇOIS, Farilien (Mapou).

FRANÇOIS, Boss Ora (tué à Anse-à-Pitre).

FRANÇOIS, Pression.

FRANÇOIS, Preston (Belle-Anse/Saltrou) (police rurale).

GASPARD, Brutal.

GASPARD, Marie.

HENRY, Emané.

HUMBERTO (Mapou).

JEAN, Oremé (Mapou) (enterré vivant).

JEAN, Rosena.

JEAN-BAPTISTE, Anite (Mapou).

JEAN-BAPTISTE, Déléma (Mapou).

JEAN-BAPTISTE, Disène (Mapou).

JEAN-BAPTISTE, Edmond (Mapou).

JEAN-BAPTISTE, Evoyèl (Mapou).

JEAN-BAPTISTE, Mme Médé (Mapou).

JEAN-BAPTISTE, Rotchide « Mme. Bernadotte » (Mapou).

JEAN-BAPTISTE, Mme St Luc (Mapou).

JEAN-BAPTISTE, St Luc (Mapou).

JEAN-BAPTISTE, Oscar.

JEAN-PAU, Francilly.

JEAN-PIERRE, Alétide.

JEAN-PIERRE, Anisque (Mapou) (tué avec son frère Alétide).

JEAN-PIERRE, Fabien (Mapou) (police rurale, tué pour n'avoir pas dénoncé les rebelles).

JEAN-PIERRE, St Luc (Mapou).

JEAN-TOUSSAINT, Siphète (Mapou).

JOHN, Emalia (Mapou).

JOHN, Magali (Mapou).

LIAUTAUD, Elder.

LOUIS, Balthazar (Belle-Anse/Saltrou) (exécuté pour avoir passé 15 jours avec les rebelles).

LOUIS, Maria (Belle-Anse/Saltrou).

LOUIS, Maréchal (débardeur, exécuté à Belle-Anse/Saltrou).

MADOUMBÉ, André (Mapou).

MADOUMBÉ, Andrézil (Mapou).

MADOUMBÉ, Arsène (Mapou) (a laissé 4 enfants).

MADOUMBÉ, Augustil (Mapou) (vient de se marier).

MADOUMBÉ, Bisson (Mapou) (a laissé 4 enfants).

MADOUMBÉ, Désilus (Mapou).

MADOUMBÉ, Dieuseul (Mapou).

MADOUMBÉ, Dieuzieu « Yéyé » Mapou).

MADOUMBÉ, Dieulissaint (Mapou).

MADOUMBÉ, Dile.

MADOUMBÉ, Elissaint/Eliso (Mapou) (tué à Savane Zombi).

MADOUMBÉ, « Papa » Emmanuel (Mapou).

MADOUMBÉ, Énock (Mapou) (envoyé devant Duvalier, accusée de support pour les rebelles, exécuté).

MADOUMBÉ, Exis (Mapou) (père de Jacques et Énock, tués aussi).

MADOUMBÉ, Expérience (Mapou).

MADOUMBÉ, Estimé (Mapou).

MADOUMBÉ, Florvil (Mapou).

MADOUMBÉ, Jacques (Mapou).

MADOUMBÉ, Julibar.

MADOUMBÉ, Léonce (Mapou).

MADOUMBÉ, Lérama.

MADOUMBÉ, Letrois (Mapou).

MADOUMBÉ, Louissaint.

MADOUMBÉ, Louis (Mapou).

MADOUMBÉ, Marianne (Mapou).

MADOUMBÉ, Marcianne (Mapou).

MADOUMBÉ, Maten.

MADOUMBÉ, Matès (Mapou).

MADOUMBÉ, Méprina (Mapou) (18 ans) (*mort spontanément après le massacre de sa famille).

MADOUMBÉ, Moïse (Mapou) (Ses trois enfants tués aussi).

MADOUMBÉ, Oberson (aussi connu comme Roberson, Rebesson,) (Mapou).

MADOUMBÉ, Osman (Mapou) (plus de 60 ans).

MADOUMBÉ, Pierréma (Mapou) (plus de 60 ans).

MADOUMBÉ, Pierricin (Mapou).

MADOUMBÉ, Polo.

MADOUMBÉ, Rémy (Mapou) (Police rurale, exécuté, accusé de n'avoir pas dénoncé les rebelles).

MADOUMBÉ, Roleman.

MADOUMBÉ, Samuel.

MADOUMBÉ, Silencieux « Ti sourit » (Mapou).

MADOUMBÉ, Sinne.

MADOUMBÉ, Siyis (Mapou) (tué à Savane Zombi).

MADOUMBÉ, Solon (Mapou).

MADOUMBÉ, Tifilise, Mme Louis (Mapou).

MADOUMBÉ, Ti Lousite (Mapou).

MADOUMBÉ, « Tchouk » (Mapou).

MADOUMBÉ, Vilmont (Mapou).

MAÎTRE, Louisjeune (envoyé devant Duvalier, il a disparu).

MATHIEU, Chanté.

MATHIEU Ecclésiaste.

MATHIEU, Évena.

MATHURIN, Oralius.

MESAC, Yves.

MORLANT, Exena.

MORLANT, Édouard.

PAUL, Lexius (Mapou).

PHILIPPE, Anilas (Mapou).

PIERRE, Alétide (Mapou) (chef de section, fusillé à Thiotte pour n'avoir pas participé au massacre).

PIERRE, Alientes (Mapou).

PIERRE, Clairsénou (Mapou).

PIERRE, Ismaël (Mapou).

PIERRE, Méresse (Mapou) (exécuté comme anti-Duvalier).

PIERRE, Nestor (chef de section, Mapou, arrêté pour n'avoir pas participé au massacre, il a disparu à Fort Dimanche, laissant deux enfants).

PIERRE- MADOUMBÉ, Régine (Mapou).

PIERRE, Rose.

POLINAIRE, (Belle-Anse/Saltrou).

PRADEL Louis Charles (Capitaine, commandant de district de Thiotte, arrêté et disparu à Ft Dimanche).

PYRAM, Déline (Mapou).

REMY, Caporal (envoyé devant Duvalier et disparu).

ROY, Totonn (Originaire de Jacmel) (Exécuté à Belle-Anse/Saltrou).

SAINT-LOUIS, Aramus (Mapou).

SAINT-LOUIS, Lombrit (Mapou).

SAINT-LOUIS, Messène (Mapou).

SAINT-LOUIS, Odissaint (Mapou).

SAINT-LOUIS, St Juste (Mapou).

SAINT-LOUIS, Timisson (Mapou).
SAINTIMA, Bourra.
SAINTIMA, Martha.
SAINT-VICTOR, Charité (Mapou).
SANON, Yléis (Mapou).
SANON, Noël (Mapou).
SANON, Philémond (Mapou).
SANON, Selaine (Mapou).
« Ti Pagnol » (exécuté).
TIMOTHÉ, Carrefour.
TIMOTHÉ, « Papa » (Mapou).
TOUSSAINT, Amones (Mapou).
TOUSSAINT, Edmond.
TOUSSAINT, Prosper (Mapou).

ADDENDA #2, #3, #4 et #5

Les listes des Addenda #2, #3, et #4 sont tirées de « Violations of Human Rights in Haiti : June 1981-September 1982. A Report to the Organization of American States », par le Lawyers Committee for International Human Rights.

ADDENDA #2

Liste chronologique de personnes incarcérées au secret depuis 1979 et dont le sort demeurait encore inconnu le 15 mars 1982.

Date de l'incarcération

Alcindor, Erick	28/08/79
Chouloute, Belmont	28/09/79
Beauchard, Jocelyn	11/16/79
Délicieux, Yves	1979
Théodore, Bienvenu	1979
Casséus, Charles	19/12/80
Blaise, Jean Roosevelt	17/01/81
Denis, Jean Roland	17/01/81
Jeanty, Vladimir	21/01/81
Jacques, Emmanuel	10/03/81
René, Harry	10/03/81
Bastion, Claude	01/04/81
Arnold, Fils	04/07/81
Joseph, Frinzel	10/10/81
Jean, Alfred	08/12/81
Roger, Victor	08/12/81
Jacques, François	08/12/81
Louis, Pierre	08/12/81
Pierre-Paul, Jean	08/12/81

ADDENDA #3

Selon Yves Richard, Président de CLAT (Confédération Latino-Américaine des Travailleurs), les 45 personnes affiliées à CLAT dont les noms suivent ont été détenues sans explication durant les derniers dix-huit mois :

Alcide, Venier
Bertin, Rodrigue
Charles, Fritz
Clercius, Philogène
Despeignes, Gérald
Duversome, Narélus
Edouard, Serge
Espady, Monfils
Espady, Sauveur
Evans, Alfred
Exantus, Jacques
Felix, Christian
Frédéric, André
Jean, Harry
Jean-Charles, Apollon
Jean-Danier, Vidal
Jean-Jacques, Hilarion
Jean-Louis, Camilien
Jean-Paul, Eddy
Joachim, Lauden
Joan (Jean), Harry
Joseph, Jean-Pierre
Lafond, Stéphen
Laguerre, Antoine
Lahens, Marc
Lindor, Luc
Louis, Mervil

Louis, Nérès
Louisnord, Paul
Louissaint, Samuel
Marcius, Jean
Maurice, Léon
Mervil, Mélès
Millien, Mervilus
Noble, Louis
Petit, Gérard
Pierre, Fritz
Pierre-Louis, Adam
Pierre-Louis, Octava
Rosier, Ulysse
Saint-Louis, Jean Maud
Serville, Melde
Sommet, Bernard
Vilsaint, Jacquelin

ADDENDA #4

Liste partielle de personnes détenues sans chef d'accusation aux Casernes Dessalines en août 1982.

Baker, Philippe
Bouchereau, Guy
Chemaly, Michel
Delatour, Leslie
Denis, Hervé
Dominique, Robert
Gabriel, Sonia
Izméry, Antoine
Izméry, Masin
Lamour, Félix
Malary, Guy

Rouzier, Gary
Rouzier, Jean
Rouzier, Roger
Saliba, Joseph
Silvera, Elizabeth

ADDENDA #5

Liste des accusés aux procès d'août 1981 et août 1982.

Acéan, Raoul
Antoine, Joseph
Auguste, Augustin
Benjamin, Ernst
Berthulien, Jacques Pérard
Cinéus, Alvarez
Claude, Clervio
Claude, Marie-France
Claude, Silvio
Dominique, Georges
Dossous, Frantz
François, Michel
Hérard, Gabriel
Jean, Eben Ezer
Jean, Jacques Price
Lumercier, Dominique
Nicolas, Roger
Pierre-Paul, Berthony
Saint-Lôt, Jacques
Théodate, Paul
Théodore, Yves
Vernet, Anélus

Mère Patrie murmure à mon oreille :
>« Approche-toi, mon enfant, ce n'est pas du tout ma fin.
>Je ne mourrai pas si tu me tiens la main
>Accompagnée de ferventes prières.
>Je ne crains rien, et ce n'est pas d'hier.
>Je défie la peur et le malheur
>Chère enfant, sois pas si triste, sèche tes pleurs ».

Nancy Turnier-Férère
Chants de rêves
Cris d'espoir

QUOUSQUE TANDEM ?

Malgré les fleuves de sang qu'ont fait couler les deux tyrans, certains Haïtiens aujourd'hui semblent oublier, ou osent même nier l'holocauste duvaliérien. Face au danger que représentent encore les dinosaures et les néo-doctrinaires de l'Hitlérisme duvaliérien, il est plus que temps que les Haïtiens comprennent qu'il « n'y a pas de bon duvaliériste », pour emprunter l'expression du grand frère d'armes Franck Laraque :

> *Ils ne sont pas tous des tontons-macoutes, des criminels, des meurtriers qui ont tué de leurs propres mains des milliers d'innocents. Mais ceux qui n'ont pas renié le duvaliérisme, ni n'ont pas eu le courage de se repentir, de faire amende honorable, ne sont pas moins coupables. Ils se rangent parmi les architectes des structures duvaliéristes, les ordonnateurs d'exécutions sommaires, les complices des semeurs de mort par leurs machinations, leur silence, leur tacite ou exaltante justification. Il suffit de se rappeler les vingt-neuf années de règne du sida duvaliériste qui a décimé la population, déstructuré l'économie, dépouillé le Trésor Public.*
> (Franck Laraque, Internet).

Aujourd'hui, après la mort de François et Jean-Claude Duvalier, et en dépit de la mémorable Geste populaire du 7 février 1986, les dinosaures et les néo-doctrinaires de l'Hitlérisme duvaliérien, avec arrogance, impudence, et une absence totale de remords s'agitent encore impunément pour faire renaître leur Cerbère. Il est plus que temps que la guillotine de la justice leur fasse payer leur participation dans les crimes perpétrés par la dictature.

La Patrie ne se définit pas par des limites naturelles, elle ne se définit pas par la langue, par la race ; elle n'a presque rien à démêler avec la géographie, la linguistique, l'ethnographie. La Patrie se constitue par le libre et mutuel consentement d'hommes qui veulent vivre sous un régime politique et social qu'ils ont librement créé et adopté.

                Louis-Joseph Janvier
                         1883

POSTFACE

LE DÉPART POUR L'EXIL

ET LE CHOC DE L'AFFAIRE RIOBÉ

PAR NANCY TURNIER-FÉRÈRE

12 mai 1963, une date douloureuse qui restera à jamais gravée dans ma mémoire, car elle marque la première étape de notre expatriation. Nous voilà ce jour-là, Gérard et moi, en voiture avec l'Ambassadeur du Chili en Haïti, M. Henríquez, en route vers l'aéroport de Port-au-Prince. Il arriva que le trajet se fit par la Ruelle Nazon, en passant à l'intersection de la rue où nous habitions. Le cœur en lambeaux, je jetai un coup d'œil vers la maison où se trouvaient nos deux bébés que nous avions été forcés d'abandonner. Pour prendre soin d'elles, ma mère était venue y habiter avec mes quatre frères, Wilhelm, Jean-Claude, Weber et Leslie. Nous partions sans savoir si nous n'allions jamais plus revoir nos enfants. Il y avait à peine deux semaines quand, le 26 avril, François Duvalier, pris de rage après une tentative d'enlèvement de ses enfants, avait procédé au massacre de centaines d'innocents, des familles entières, nourrissons, enfants, adultes, visiteurs, personnel. Nous y avons échappé par miracle, car Gérard était sur la liste des anciens officiers à exécuter, comme il le raconte lui-même au début de cet ouvrage.

L'aéroport de Port-au-Prince était bondé de militaires et de miliciens armés qui semblaient prêts à nous assaillir. Nous étions sous la protection de l'ambassadeur, mais nous nous sommes sentis très en danger quand il est sorti de la voiture pour aller soumettre nos documents à l'immigration. Revenu peu après, il prit soin de nous accompagner jusqu'à l'intérieur de l'avion.

Les débuts de notre exil allaient être des plus douloureux, mais dans le sombre firmament, flottaient quand même des lueurs d'espérance. En effet, grâce aux bons offices et la magnanimité du Consul des États-Unis, M. Robert Maule, nous partions avec notre visa de résidence vers une terre qui nous ouvrait les bras et nous offrait un asile avec le droit à la liberté, la paix et la poursuite du bonheur.

Arrivés à Manhattan, nous voilà égarés, perdus, sans abri, ne sachant ni où aller, ni quoi faire. M'étant souvenue qu'une tante à moi habitait New York, l'idée me vint de consulter le bottin téléphonique. Au bout du fil, c'était bien elle qui répondait et qui aussitôt, nous invitait à nous rendre chez elle où elle nous abrita pendant plusieurs jours. De son côté, Gérard savait que sa maman Andrée vivait à Manhattan mais ne se souvenait pas de son adresse. Ma tante l'avait, et c'est ainsi qu'au milieu de la semaine, la maman de Gérard nous fit loger à l'hôtel où elle se tenait. Tout ça, c'était déjà des signes que Dieu ne nous abandonnait pas.

Après quelques jours à New York, ce fut notre séjour de plusieurs mois à Washington où j'ai connu quelques-unes des heures les plus horribles de ma vie. Chaque soir, cauchemars après cauchemars me réveillaient en sursaut et je sautais de mon lit en criant : « où sont mes enfants ? » Une nuit, Gérard me trouva somnambule, blessée à la jambe je ne sais comment, en train d'essayer de sortir de la chambre que nous avions louée dans une maison privée, répétant en sanglotant : « je vais chercher mes enfants. » Après les nuits de cauchemar, je passais les journées à pleurer, seule dans cette chambre, pendant que Gérard était à un boulot provisoire comme traducteur au Département d'État jusqu'au mois de juillet, quand tous les deux nous réussîmes à trouver de l'emploi stable à Philadelphie.

Pendant ce mois de juillet 1963 de nouvelles souffrances nous accablèrent. En effet, un appel téléphonique d'Haïti nous annonça que des agents de la gestapo de Duvalier étaient venus à la maison familiale où se trouvaient nos deux bébés avec ma maman et avaient arrêté mes quatre frères, Wilhelm, Jean-Claude, Weber et Leslie, ainsi que des copains en visite. Imaginez la douleur et le déchirement des entrailles d'une mère qui voit emporter ses quatre fils vers un goulag à juste titre surnommé Fort-La-Mort. De mon côté, je me souviens d'avoir éclaté en sanglots tout en questionnant :

« Mes enfants, mes enfants, que sont devenues mes enfants ? » Duvalier, pensai-je, avait-il fait massacrer toute la famille, y compris nos nourrissons, à l'instar de la tuerie du 26 avril ? » Et puis, j'ai alors perdu tout sens de la réalité ; j'étais comme évanouie, anéantie, et jusqu'à ce jour je ne puis me rappeler ni qui nous avait téléphoné, ni la réponse à ma question. Les jours et les nuits qui suivirent furent encore plus horribles que ceux des pleurs et des cauchemars de Washington, jusqu'au moment où nous avons finalement appris que tout le monde était encore vivant. En septembre 1963, nos deux bébés nous rejoignirent à Philadelphie, grâce au visa de résidence généreusement octroyé par le Consul Robert Maule.

La cause de l'arrestation de mes quatre frères était leur présumée complicité dans une affaire de complot contre le gouvernement organisé par leur ami Hector Riobé. À l'époque de mon enfance, la famille Riobé et la nôtre habitaient le même quartier, deux maisons contiguës avec des cours sans clôture. Mes deux sœurs plus âgées que moi avaient leurs propres camarades. Nous les plus jeunes, Hector, mes frères et moi comme seule fille du groupe avons grandi, joué, baladé ensemble. Le 26 avril 1963, lors du terrible massacre de Port-au-Prince, André Riobé, le père d'Hector, se trouva parmi les victimes. Cependant, il n'y a nulle raison de croire qu'il était sur la liste des personnes à tuer. En fait, il fut arrêté loin de la capitale, en route vers ses établissements industriels à Léogane, par un officier duvaliériste qui le savait porteur d'une forte somme d'argent devant servir au paiement des salaires de ses employés. Cet individu avait aussi antérieurement manifesté le désir de s'approprier la voiture Mercedes de M. Riobé. De Léogane où il était déjà, Hector, ayant remarqué le retard de son père, partit à sa recherche et fut à son tour détenu en route par des sbires du gouvernement. Pendant sa détention, il apprit que son père avait été assassiné par cet officier qui eut même le cynisme, aussitôt après, de circuler dans la Mercedes de sa victime.

Après sa libération, Hector se mit à formuler un plan d'actions belliqueuses dont la première étape serait d'attaquer les Casernes de Pétion-Ville à un moment où s'y trouverait le meurtrier de son père, et de l'abattre. Il fit appel à mes frères Wilhelm et Jean-

Claude et à ses amis Hudicourt et Damas pour l'aider à exécuter son plan. Le 14 juillet 1963 les cinq camarades empruntèrent la route de Delmas. Mais pour comble de malheur, le moteur du véhicule qu'ils avaient blindé en amateurs dans lequel ils se trouvaient chauffa et tomba en panne exactement devant l'avant-poste militaire du marché de Pétion-Ville. Un soldat s'approcha et remarqua la présence des hommes armés dans le véhicule. Ceux-ci se mirent alors à tirer et l'abandonnèrent. Plus question d'attaquer les Casernes de Pétion-Ville. Le groupe se dispersa. Jean-Claude regagna son domicile vers une heure du matin, Wilhelm vers 7 heures. Riobé, Hudicourt et Damas prirent la route de Kenskoff à pied et arrêtèrent une voiture pilotée par Antoine Izméry, ce que celui-ci a lui-même rapporté quelques années plus tard. Ils se firent conduire à Kenskoff où ils attaquèrent le poste militaire et emportèrent les armes et munitions qui s'y trouvaient.

Hector, Damas et Hudicourt se séparèrent. Hector se retrancha dans une caverne de Morne Godet. De là, pendant trois jours, il mit en déroute militaires et miliciens porteurs d'armes de tous calibres y compris des canons, refusa de se rendre, et quand les munitions lui firent défaut il se suicida. Damas fut abattu dans la zone de Rivière Froide. Hudicourt essaya de trouver refuge chez des paysans et fut attaqué par l'un d'eux qui lui asséna un coup de massue au crane. Capturé plus tard après avoir tenté de contacter des parents, il fut pansé de sa blessure à la tête à l'hôpital militaire par le docteur Jacques Fourcand pour être interrogé, torturé, et puis tué.

Contrairement à ce qui se répète, l'objectif d'Hector Riobé ne se limitait pas simplement à la vengeance de son père. Il avait certainement en tête une conspiration de grande envergure contre la dictature de François Duvalier, et avait eu à solliciter le support de certains secteurs de l'opposition. On a mentionné l'implication de certains prêtres de Saint-Martial : les pères Bajeux et Claude furent interrogés par la police. À Fort-Dimanche, un prisonnier ami de Clément Barbot, a eu à raconter à mon frère Jean-Claude qu'il avait assisté à une rencontre quand Barbot avait été contacté. Questionné après cette rencontre au sujet du projet d'Hector, et concernant ce que lui Barbot allait faire pour aider, celui-ci aurait répondu :

« Rien du tout, ces jeunes gens vont se faire tuer ». Drôle de coïncidence, le jour choisi pour l'attaque des Casernes de Pétion-ville, le 14 juillet 1963, fut aussi celui de la capture et exécution de Barbot.

De mes quatre frères, le plus jeune, Leslie, 14 ans, ainsi que les copains en visite furent libérés le lendemain. Weber, Jean-Claude et Wilhelm furent incarcérés à Fort Dimanche. Weber fut gardé en captivité pendant un mois, Jean-Claude trois. Quant à Wilhelm, dans sa cellule, il eut à confier à Jean-Claude qu'il n'avait aucun regret de ce qu'il avait fait, et qu'il le referait encore. On ne l'a plus jamais revu. Pas de cadavre, pas de certificat de décès. Hélas, notre mère, tout le reste de sa vie, jusqu'à son dernier soupir le 4 mai 1982, ne cessa jamais de garder l'espoir de revoir son fils Wilo.

La Geste d'Hector et ses compagnons continuera à soulever l'admiration et le respect. Le 19 juillet 2016, des cérémonies appropriées pour commémorer le 53ème anniversaire de ce fait d'armes ont été organisées par Devoir de Mémoire, en respectueux hommage à nos héros. Mon frère Jean-Claude, le seul survivant du groupe, y a participé. Un monument a été érigé et une plaque installée à Morne Godet surnommé aujourd'hui Morne Ti Riobé. Ci-après un extrait de la déclaration de Devoir de Mémoire à cette occasion: « Aujourd'hui, 19 juillet 2016, nous commémorons le 53ème anniversaire de cet événement, en ayant érigé un monument pour traduire l'hommage respectueux que nous rendons à ces jeunes qui se sont sacrifiés pour Haïti. Si nous sommes ensemble aujourd'hui, c'est pour que la mémoire de cette barbarie duvaliériste nous rappelle nos devoirs d'aujourd'hui et empêche la répétition de l'horreur demain ... On rappelle ainsi les actions héroïques de ces cinq jeunes garçons qui ont osé dire non à la barbarie, qui ont osé le sacrifice suprême. Chacun ici présent, chaque passant, pourra se souvenir de ces jeunes qui ne sont plus ; chacun pourra ainsi prendre le temps de méditer et de réfléchir à ce que fut les erreurs de notre passé pour ne plus les reproduire. »

Mais on doit quand même s'attendre à l'existence et aux actions néfastes d'abrutis qui trouveront encore des raisons de défendre les Duvalier. Parmi eux, en voici un qui a eu l'impudence d'écrire et de publier un ouvrage dans lequel il a tenté de diffamer ces jeunes patriotes. Hélas, en 1999 a paru un ouvrage dans lequel le docteur Gérard Boyer, colonel de l'Armée d'Haïti, duvaliériste impénitent et ministre de la Junte de gouvernement sanguinaire du général Kébreau, n'a fait qu'exprimer ses sacrilèges accusations à leur égard. Des propos insultants sont lâchement tenus par Boyer dans son livre *Memini*, où il les traite de « criminels, assassins, bandits ». Il calomnie individuellement Jean-Pierre Hudicourt qu'il qualifie de « mauvais garçon – échantillon de cette jeunesse désœuvrée et oisive, bénéficiant d'un nom honorable et honoré qu'il galvaudait ». Puis il annonce : « Il y avait aussi Riobé, Damas, W. Turnier », (c'est moi qui souligne, le lecteur verra bientôt pourquoi). Il cite encore ce même nom W. Turnier quand il affirme que l'arme dont s'était servi Riobé « était la propriété du lieutenant Gérard Laroche, beau-frère de W. Turnier ». Quant au sort de ce Turnier sans prénom, la façon de l'annoncer dont fait usage le colonel Boyer est toute empreinte de son indécence et de son arrogance: « Quant à Turnier, rentré chez lui le surlendemain de l'agression, il fut arrêté et ne regagna jamais le domicile familial ».

Le lecteur doit être à se demander qui est ce W. Turnier dont le docteur Boyer ne donne que l'initiale W et non pas le prénom entier. Est-ce sa façon de l'insulter en essayant de le dérober de son identité ? Eh bien voilà : il y a en fait trois W. Turnier que le colonel Boyer connaît très bien, Weber mon père, Weber junior mon frère, et Wilhelm mon frère. Gérard Boyer est marié à notre tante, la sœur de notre père, Weber Turnier. Ce même Gérard Boyer que mes frères, sœurs et moi appelions jusqu'alors « tonton Gérard » ne pouvait guère ignorer le prénom du neveu de sa femme. Contrairement aux insultants qualificatifs qu'il a employés pour essayer de salir la mémoire de notre frère, c'est avec fierté que je répète ici le 'In Memoriam' qui se trouve au début de cet ouvrage :

À mon courageux et regretté beau-frère Wilhelm Turnier,
héros sans peur et sans reproche, immolé à la fleur
de sa jeunesse au pilori de la terreur duvaliérienne.
Wilo, tu as bien mérité de la Patrie !

BIBLIOGRAPHIE

Armand, Pierre (1988). *L'Armée d'Haïti et les événements de 1957.*
Éditions Samba. Les Éditions du CIDHICA, Montréal.

Audain, Julio Jean Pierre (1976). *Les Ombres d'une politique néfaste.*

Auguste, Maurepas (1974). *Genèse d'une République héréditaire.*
La Pensée universelle, Paris.

Avril, Prosper (1997). *Vérités et révélations. L'Armée d'Haïti, bourreau ou victime.* Tome III.
Imprimerie Le Natal, Port-au-Prince.

Barros, Jacques (1984). *Haïti de 1804 à nos jours.*
Les Éditions L'Harmatan, Paris.

Batraville, Jean (1992). *Lettre ouverte aux dictatures de droite.*
Aero Press, New York.

Bernardin, Raymond (2000). *Général Paul Eugène Magloire. Une biographie politique.*
Les Éditions du CIDHICA, Montréal.

Berrouet-Oriol, Robert (2014). Le Retour du duvaliérisme en Haïti sous le manteau de la « réconciliation nationale ».
Internet.

Cassagnol, Raymond (2003). *Mémoires d'un révolutionnaire.*
EducaVision, Floride.

Cavé, Eddy (2009). *De Mémoire de Jérémien.*
Les Éditions du CIDHICA, Montréal.

Célestin, Clément (1958). *Compilations pour l'Histoire.*
Imprimerie Théodore, Port-au-Prince.

Charles, Etzer (1994). *Le Pouvoir politique en Haïti de 1957 à nos jours.*
Éditions Karthala, Paris.

Chassagne, Albert (1976). *Bain de Sang en Haïti. Les Macoutes opèrent à Jérémie.*
Cohen Offset Print, New York.

Dee, Blicker (1967). *Duvalier's Haiti: a case study of national disintegration.*
University of Florida.

Delince, Kern (1979). *Armée et politique en Haïti.*
Les Éditions L'Harmatan, Paris.

Delince, Kern (1994). *Quelle Armée pour Haïti ?*
Éditions Karthala, Paris.

Désinor, Carlo (1986). *Daniel Fignolé. Un Espoir vain.*
L'Imprimeur II, Port-au-Prince.

Désinor, Carlo (1988). *De Coup d'état à Coup d'état.*
L'Imprimeur II, Port-au-Prince.

Diederich, Bernard, and Burt, Al (1969). *Papa Doc: The Truth About Haiti Today.*
McGraw-Hill.

Diederich, Bernard, and Burt, Al (1986. *Papa Doc et les tontons macoutes.*
Imprimerie Henri Deschamps, Port-au-Prince.

Diederich, Bernard (2005), *Le Prix du sang.* Tome 1.
Traduction de l'anglais par Jean-Claude Bajeux.
Éditions Henri Deschamps, Port-au-Prince.

Diederich, Bernard (2007). *Bon Papa: Haïti's Golden Years.*
Xlibris Corporation.

Diederich, Bernard (2007). *The Prize: Haiti's National Palace.*
iUniverse.

Gingras, Jean-Pierre O. (1967). *Duvalier, Caribbean Cyclone.*
Exposition Press.

Hector, Cary et Jadotte, Hérard (1991). *Haïti et l'après Duvalier.*
Les Éditions Henri Deschamps.

Heinel, Robert Jr. and Nancy (1978). *Written in Blood.*
Houghton Mifflin, Boston.

Hooper, Michael. (1986). *Duvalierism since Duvalier.*
National Coalition for Haitian Refugees

Hurbon, Laënnec (1979). *Culture et dictature en Haïti.*
Éditions L'Harmatan, Paris.

Lemoine, Patrick (1996). *Fort-Dimanche Fort-la-Mort.*
Éditions Regain, Port-au-Prince.

Lemoine, Patrick (1997). *Fort-Dimanche Dungeon of Death.*
Published by Fordi9, Freeport, New York.

Leconte, Frantz Antoine (1999). *En Grandissant sous Duvalier L'Agonie d'un État-nation.*
Collections Marrons du savoir, Figeac, France.

Manigat, Max (2005). *Leaders of Haiti.*
Educa Vision, Florida.

Mathon, Alix (1980). *Témoignages sur les événements de 1957.*
Port-au-Prince.

Occénad, Albert A. *Du Sang, de l'or et des galons.*
Imprimerie les Antilles, New York.

Pierre, Gérard J. (2000) *The Last Captured.*
Vantage Press, N.Y.

Pierre, Pressoir (1987). *Témoignages 1946-1976. L'Espérance déçue.*
Imprimerie Henri Deschamps, Port-au-Prince.

Pierre-Charles, Gérard (1973). *Radiographie d'une dictature.*
Éditions Nouvelle Optique. Montréal.

Pierre-Charles, Gérard (2000). *Plus jamais. Les violations des droits de l'homme à l'époque des Duvalier.*
Les Éditions Nouvelle Optique, Montréal.

Rébu, Himmler (1994). *L'Armée dans l'œil du cyclone.*
Imprimeur II, Port-au-Prince.

Romulus, Marc (1991). *Les Cachots de Duvalier : Marc Romulus, ex-prisonnier politique témoigne.*
Imprimerie Kopirapid, Port-au-Prince.

Rothberg, Robert L. (1971). *Haiti, the Politics of Squalor*
Houghton Mifflin.

Rosier, Claude (2003). *Le Triangle de la mort, journal d'un prisonnier politique haïtien 1966-1977.*
CRESFED, Port-au-Prince.

Sapène, Raymond (1973). *Procès à Baby Doc.*
Imprimerie de Châteaulaudren, Châteaulaudren.

Sylvain, Franck. *Les 56 Jours de Franck Sylvain.*

Sylvain, Franck (1980). *Les Hommes et les choses de 57 vus par le Président de la République.*
Imprimerie Deschamps.

Trouillot, Michel Rolph (1986) *Les Racines historiques de l'État duvaliérien.*
Imprimerie Henri Deschamps, Port-au-Prince.

Wilentz, Amy (1989). *The Rainy Season. Haiti since the Duvaliers.*
Simon and Schuster, New York.

NOTE BIOGRAPHIQUE

Gérard Alphonse Férère est né au Cap-Haïtien et fit ses études classiques à Port-au-Prince, entièrement sous la direction de son père, l'éducateur Alphonse Murville-Férère. Après l'obtention de son baccalauréat, il gagna, par voie de concours, une bourse offerte par le gouvernement du Venezuela pour étudier à leur Académie Navale. À son retour au pays en 1953, il servit pendant quatre ans comme officier de marine sous le gouvernement Magloire et fut limogé par François Duvalier en 1958. Sa femme Nancy, née Turnier, et lui durent prendre l'exil en mai 1963, après avoir échappé de justesse au massacre du 26 avril 1963. Ce jour-là, François Duvalier, fou de rage après un soi-disant attentat contre la vie de ses enfants, dont la paternité fut attribuée à tort au lieutenant François Benoît, ordonna le massacre de nombreux opposants ou réputés opposants. Duvalier en profita pour ajouter à sa liste les noms d'un grand nombre d'anciens officiers, présumés complices ou au courant d'un complot avorté organisé en avril 1963 par les colonels Lionel Honorat, Kern Delince et Charles Turnier.

Aux États-Unis, il poursuivit ses études supérieures à l'Université de Villanova et à l'Université de la Pennsylvanie jusqu'à l'obtention du doctorat en linguistique. Férère est Professeur Émérite à Saint Joseph's University, université jésuite de Philadelphie, où il a enseigné pendant 34 ans. Pendant toutes les années passées aux États-Unis, il est resté actif dans les milieux culturels et politiques haïtiens de la Diaspora, en publiant des ouvrages ou des articles, en prononçant des conférences, en donnant des interviews à la télévision et à la radio. Il est membre de plusieurs organisations patriotiques et culturelles haïtiennes de la Diaspora et fondateur de la « Coalition for Haitian Concerns » de Philadelphie. Nancy et Gérard Férère résident actuellement à Boca Raton, Floride.

TABLE DES MATIÈRES

PRÉFACE par Dr. Fred Champagne	13
Terre Natale, poème de Nancy T. Férère	16
PREMIÈRE PARTIE : ARMÉE	17
PROLOGUE	17
Ma courte trajectoire aux Garde-Côtes d'Haïti	17
Hasard ou destinée	19
La malédiction Goban	20
Vive la réforme	23
Rencontre fortuite à l'Ambassade de Cuba	24
Comment j'ai échappé au massacre du 26 avril	25
Mon but dans cet exposé	28
I. FIN DE LA PRÉSIDENCE DU GÉNÉRAL MAGLOIRE	29
Durée controversée du mandat	29
Discours du Président Magloire le 6 décembre	31
Discours du Général Levelt le 6 décembre	35
Déclaration des Juges en Cassation	37
Discours du Général Magloire le 12 décembre	41
Pénitencier national le 12 décembre	42
Départ du Président Magloire	45
Premier communiqué anonyme	46
Deuxième communiqué anonyme	47
Mon Pays au loin (Poème)	48
Témoignages	49
Grandeur et décadence de l'Armée d'Haïti	53

II. GÉNÉRAL L. CANTAVE, CHEF D'ÉTAT-MAJOR	57
III. PRÉSIDENCE DE JOSEPH N. PIERRE-LOUIS	61
Le Pays au bord de l'anarchie	64
IV. PRÉSIDENCE DE FRANCK SYLVAIN	67
L'affaire des bombes	68
En quête d'une enquête	73
Renversement de Sylvain par Cantave	75
V. CONSEIL EXÉCUTIF DE GOUVERNEMENT	77
Schisme au Conseil	78
Incident de Freycineau	84
Révocation de Cantave et nomination d'Armand	85
Validité ou illégalité de la révocation de Cantave	89
VI. DEUX CHEFS D'ÉTAT-MAJOR À LA FOIS	91
Préludes de l'affrontement du 25 mai	91
La guerre improvisée du 25 mai	97
Cessez-le-feu	105
VII. COUP DE CASERNE. FIGNOLÉ PRÉSIDENT	107
Antonio Th. Kébreau Chef d'État-Major	107
Capitaine Pressoir Pierre, éminence grise	109
Transferts dans l'Armée	110
Kidnapping du Président Fignolé	114
Nostalgie (Poème) À la mémoire de Daniel Fignolé	122
VIII. CONSEIL MILITAIRE DE GOUVERNEMENT	123
Massacre des fignolistes	124
Élections « libres et honnêtes » à la Kébreau	128
Prémices de la désintégration de l'Armée	130

DEUXIÈME PARTIE : HITLÉRISME	131
IX. PRÉSIDENCE DE FRANÇOIS DUVALIER	131
Révocations, réformes, exécutions d'officiers	131
X. MASSACRES ET GÉNOCIDES DE F. DUVALIER	137
Massacre du 26 avril 1963	138
Massacre du 22 septembre 1963	142
Massacre des habitants de Thiotte	143
Génocide de Jérémie	144
Génocide et massacre de Cazale	150
Trois exécutions de présumés communistes	154
XI. MUTINERIE DES GARDE-CÔTES	155
XII. DÉCÈS DE FRANÇOIS DUVALIER	159
ET PRÉSIDENCE DE JEAN-CLAUDE DUVALIER	159
Crimes et tueries de Jean-Claude Duvalier	163
Renversement de Jean-Claude Duvalier	166
XIII. DICTATURES MILITAIRES APRÈS J.C. DUVALIER	169
Massacres des dictateurs militaires	169
Où sont les anciens dictateurs militaires ?	174
Où est Jean-Claude Duvalier?	174
XIV. LISTE DE NOMS CITÉS	175
XV. L'HOLOCAUSTE DUVALIÉRIEN	183
Liste partielle de personnes tuées ou disparues	183
QUOUSQUE TANDEM	231
POSTFACE par Nancy Turnier-Férère	233
Bibliographie	239
Note biographique	244